ESTER

ESTER

El triunfo de la soberanía de Dios

John C. Whitcomb

EDITORIAL PORTAVOZ

Título del original: *Esther: The Triumph of God's Sovereignty* de John C. Whitcomb. © Copyright 1979, por The Moody Bible Institute y publicado por Moody Press, Chicago, Illinois. EE.UU.

Título en castellano: *Ester: El triunfo de la soberanía de Dios* © Copyright 1982, por Outreach, Inc., y publicado por Editorial Portavoz, filial de Kregel Publications, Grand Rapids, Michigan 49501, EE.UU. Traducido y publicado con permiso. Todos los derechos reservados. Prohibida su reproducción total o parcial.

A menos que se indique lo contrario todas las citas bíblicas son tomadas de la Versión Reina-Valera, revisión de 1960, propiedad de las Sociedades Bíblicas Unidas. Usadas con permiso.

Traducción: Rhode Flores
Fotografía: PhotoDisc, vol. 36

EDITORIAL PORTAVOZ
Kregel Publications
P. O. Box 2607
Grand Rapids, Michigan 49501-2607

Visítenos en: www.portavoz.com

ISBN: 0-8254-1866-6

1 2 3 4 5 edición/año 02 01 00 99 98

Printed in the United States of America

CONTENIDO

Ilustraciones 7

Agradecimiento 13

Introducción 15

1. Vasti degradada (1:1-22) 35

2. Ester se convierte en reina (2:1-23) . . . 53

3. Amán planea la destrucción de Israel (3:1-15) . 75

4. La decisión de Ester (4:1-17) 89

5. El primer banquete dado por Ester (5:1-14) . . 97

6. Amán humillado ante Mardoqueo (6:1-14) . . 105

7. El segundo banquete dado por Ester (7:1-10). . 113

8. Mardoqueo publica un nuevo decreto (8:1-17) . 121

9. Los judíos obtienen la victoria y se instituye el Purim (9:1 — 10:3) 135

Bibliografía 153

ILUSTRACIONES

Diagrama de los reyes y de los profetas del Antiguo
Testamento (610-400 a.C.) 7

Plano de la Terraza de Persépolis 8-9

Plano de la ciudad de Susa 10

Mapa del Imperio de Jerjes 11

Diagrama de algunos sucesos mencionados en el
Libro de Ester 40-41

Genealogía que va desde Cis hasta Ester . . . 59

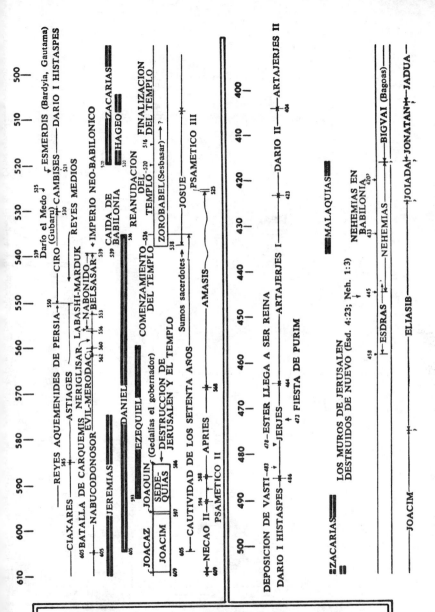

DIAGRAMA DE LOS REYES Y DE LOS PROFETAS DEL ANTIGUO TESTAMENTO (610-400 a.C.)

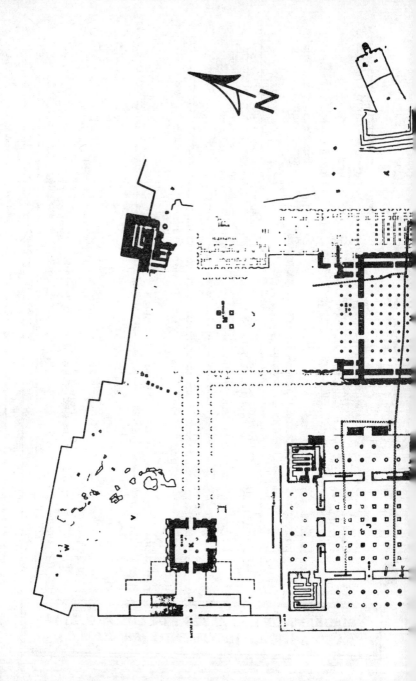

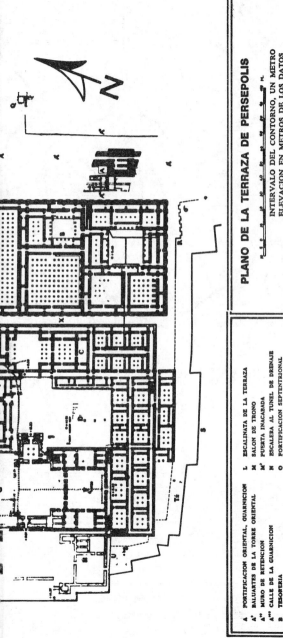

PLANO DE LA TERRAZA DE PERSEPOLIS

INTERVALO DEL CONTORNO, UN METRO

ELEVACION EN METROS DE LOS DATOS

- PARTES EXISTENTES
- PARTES RECONSTRUIDAS
- DRENAJES SUBTERRANEOS
- DRENAJES SUPERFICIALES
- ADICIONES POR PARTE DEL SERVICIO DE ANTIGÜEDADES IRANI, DESPUES DE LA EXPLORACION
- PARAPETOS Y BANCOS RECONSTRUIDOS, ETC.

PLANO RECONSTRUIDO DE LA TERRAZA DE PERSÉPOLIS. EXPLORACIÓN ORIGINAL POR LOS ARQUITECTOS DE LA EXPEDICIÓN (1930-39). ADICIONES EN LA ZONA NORTE *(en línea discontinua, sin sombrear)*

Cortesía del Instituto Oriental, Universidad de Chicago

A   FORTIFICACION ORIENTAL, GUARNICION
A'   BALUARTES DE LA TORRE ORIENTAL
A'' MURO DE RETENCION
A''' CALLE DE LA GUARNICION
B   TESORERIA
C   ALA PRINCIPAL DEL HAREN RESTAURADA
C'   ZONAS DE SERVICIO DEL HAREN
C'' ALA OCCIDENTAL DEL HAREN
D   PALACIO D
E   SALON DEL CONSEJO
F   PALACIO DE JERJES
G   PALACIO G
H   PALACIO H
I   PALACIO DE DARIO I
J   APADANA
K   PUERTA DE JERJES

L   ESCALINATA DE LA TERRAZA
M   SALON DE TRONO
M'   PUERTA INACABADA
N   ESCALERA AL TUNEL DE DRENAJE
O   FORTIFICACION SEPTENTRIONAL
P   TUMBA DE ARTAJERJES II O III
Q   CISTERNA
R   FORTIFICACION MERIDIONAL
S   INSCRIPCION FUNDACIONAL DE DARIO I
T   SALIDA DEL DRENAJE
U   ¿PABELLON POST-AQUEMENIDA?
V   TAMBOR INACABADO DE COLUMNA
W   ¿POTERNA?
X   "CALLE DEL HAREN"
X'   HABITACIONES SECUNDARIAS

Copyright 1953 por la Universidad de Chicago

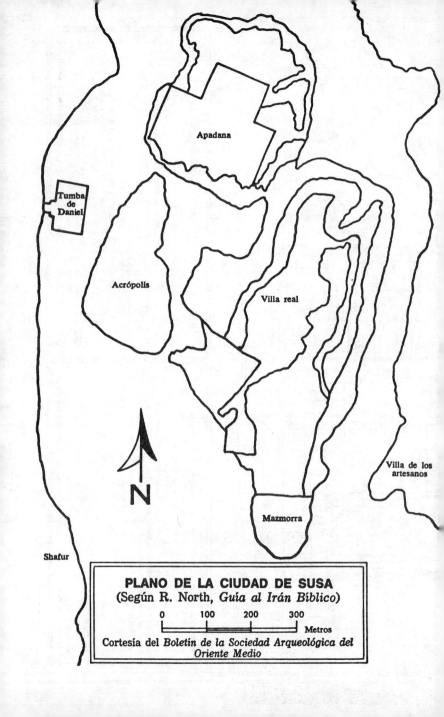

PLANO DE LA CIUDAD DE SUSA
(Según R. North, *Guía al Irán Bíblico*)

MAPA DEL IMPERIO DE JERJES

ESCALA EN MILLAS (una milla = 1603 metros)

0   100   200   400   800

A Norma
mi amada esposa

AGRADECIMIENTO

El autor desea expresar su especial aprecio a las siguientes personas, que contribuyeron, de manera apreciable, en la preparación de este comentario.

Al señor Robert Ibach, Jr., librero del Seminario Teológico Grace, que investigó diversas fuentes usadas en el libro y leyó las galeradas definitivas.

Al doctor John J. Davis, vicepresidente ejecutivo y catedrático de Antiguo Testamento y de hebreo del Seminario Teológico Grace, que leyó por completo el manuscrito e hizo algunas sugerencias que fueron de gran ayuda.

Al doctor Edwin Yamauchi, catedrático de historia de la Universidad de Miami, que se encuentra en Oxford, Ohio, por recomendar diversos estudios técnicos sobre la historia medopersa y por leer las galeradas finales.

Al señor Ronald L. Minton, estudiante ya graduado del Seminario Teológico Grace, por hacer varias sugerencias que resultaron de mucha ayuda sobre el manuscrito original.

Ha resultado un placer trabajar con el señor David R. Douglass y con el señor William E. Henry de la editorial Moody Press. Yo aprecio muy sinceramente el modo en que me animaron y me ofrecieron consejos de gran ayuda a la hora de preparar el manuscrito para su publicación.

Finalmente, quisiera expresar mi más profunda gratitud a las señoras Betty Vulgamore, Cathy Miller y Gail Glasscock, secretarias de la Facultad del Seminario Teológico Grace, que pasaron a máquina el manuscrito y a mi querida esposa, Norma, así como a nuestros seis hijos que me han animado con sus oraciones y han hecho posible todo el proyecto.

13

INTRODUCCION

EL LIBRO DE ESTER es una parte vitalmente importante del conjunto que forman las Sagradas Escrituras. Al igual que sucede con Deuteronomio, con los Salmos o con Isaías, es un libro inspirado, históricamen exacto, canónico, con autoridad divina y significativo desde el punto de vista teológico. No cabe duda de que esto resulta difícil de comprender para algunos cristianos debido a que el libro no hace mención alguna de Dios ni de actividades religiosas y también por el hecho de que parece que se centra solamente en la mera supervivencia física de los judíos a expensas de sus enemigos los gentiles. Y lo que es peor aún, al héroe (Mardoqueo) y a la heroína (Ester) no parecen preocuparles ni las leyes ni el testimonio de su Dios. ¿Cómo podemos, pues, asegurar que Ester es una parte vital de la Sagrada Escritura?

A medida que las respuestas a estas preguntas comiencen a descubrirse ante nuestra vista, llegaremos a comprender aquellas verdades acerca de nuestro Dios que son preciosas y que de otro modo no llegaríamos a conocer. Resulta especialmente alentador para el creyente la importancia de este libro en relación al status de la nación de Israel en nuestros días. Servimos y amamos a un Dios que no puede mentir y cuyos propósitos para el mundo, llenos de gracia, no pueden, a pesar del pecado y de Satanás, ser derrotados. Es, por lo tanto, con esta esperanza y con la seguridad de que Dios, el Espíritu Santo, abrirá los ojos de aquellos que realmente deseen conocer Su verdad (Sal. 119:18) que realizo la introducción del estudio de este libro de Ester.

AUTOR Y FECHA

De la misma manera que desconocemos quién escribió 1.º y 2.º de Reyes, tampoco sabemos quién fue el autor inspirado del libro de Ester, pero a pesar de los esfuerzos que han realizado ciertos eruditos por colocar la fecha de este libro durante la era de los Macabeos, su fecha persa se va haciendo más evidente al inspeccionarlo más detenidamente. Carey A. Moore, que niega la inspiración y la absoluta historicidad del libro admite, sin embargo, que el «núcleo narrativo» del libro tuvo que ser escrito durante el período persa (1) porque el hebreo que se utiliza en el libro pertenece a una era anterior a la literatura de Qumrán (siglo II a. de C.), (2) porque en el libro brilla por su ausencia el vocabulario griego y (3) porque «el hebreo que se utiliza en Ester se asemeja más al de Crónicas, que está fechado alrededor del año 400 a.C.».[1] Es más, la actitud compasiva de Ester para con el rey gentil «es bastante probable para un escritor judío del período persa (539-332), pero resulta menos apropiada para el período helenístico (331-168) y bastante improbable durante el período macabeo (167-135)».[2]

Aquellos estudiantes que no estén condicionados por las suposiciones de la crítica negativa de más alto nivel se sentirán libres para mirar con mayor detenimiento las detalladas descripciones del interés del palacio de Susa (cp. Est. 1:6-7; 7:8) y así poder discernir la autoridad de uno que estuvo presente en dicho escenario,

---

1. Carey A. Moore, «Esther», *The Anchor Bible* (Garden City N. Y.: Doubleday, 1971), p. lvii.
2. *Ibid.*, p. lx.

ante ese magnífico palacio, antes de su destrucción (435 a.C.).

En lo que al autor mismo se refiere, hay una sugerencia que valdría la pena tener en cuenta y es la de que «la falta de referencia a Jerusalén y la mención de los judíos "esparcido y distribuido entre los pueblos" (3:8) indicaba que el propio autor era uno de los de la Diáspora... Las palabras y el conocimiento de las costumbres persas que contiene el libro sugieren que su escritor vivió en Persia... es una conjetura plausible de que el autor era un judío persa que había ido a vivir a Judea y deseaba ensalzar el guardar el Purim a las gentes de aquella tierra».[3]

CANONICIDAD

Hasta hace poco tiempo, los críticos liberales no llegaron al acuerdo general de que el libro de Ester fue considerado como canónico hasta el denominado Concilio de Jamnia (90 d.C.). Por ejemplo, L.B. Paton, afirmó que en Palestina, así como en Alejandría, «hubo una prolongada oposición antes de que fuese admitido dentro del Canon»,[4] pero que más adelante el judaísmo hizo lo posible por compensar dicha oposición de sus predecesores alabando el libro en términos un tanto extravagantes.

Sin embargo, el «Concilio de Jamnia» no canonizó Ester ni ningún otro libro perteneciente al Antiguo Testamento, sino que más bien se limitó a reconocer lo que hacía ya largo tiempo que Dios había canonizado por medio de la inspiración del texto original.[5] Existe una importante distinción entre canonicidad y comprensión teológica, pues no todo lo que aparecía en el texto

3. Lewis B. Paton, «Esther», *International Critical Commentary* (Nueva York: Scribner's, 1908), p. 63.
4. *Ibid.*, p. 97.
5. Cp. R. Laird Harris, *Inspiration and Canonicity of the Bible* (Grand Rapids: Zondervan, 1969), p. 155 y R. K. Harrison, *Introduction to the Old Testament* (Grand Rapids: Eerdmans, 1961), pp. 277-79.

inspirado y canónico de la Escritura lo comprendía o lo apreciaba todo judío, pero no por ello lo dejaban fuera de la Biblia. La Iglesia de nuestros días se enfrenta con la misma cuestión, puesto que algunos teólogos tienen el arrojo de asegurar que existe error en el texto original de la Escritura sencillamente porque no encaja con sus nociones filosóficas preconcebidas, pero ni Cristo ni sus apóstoles trataron de semejante manera la Sagrada Escritura.[6]

Aquellos eruditos del Antiguo Testamento que son de creencia más liberal adoptan actualmente una opinión más moderada sobre el asunto. Carey A. Moore, por ejemplo, admite que Josefo (37-100 d.C.) consideró que el libro era canónico, ya que reconoció la antigüedad del mismo y lo parafraseó en sus *Antigüedades sobre los judíos*. La lista de libros judíos, pertenecientes al canon, que poseemos incluye también el libro de Ester (*Baraitha* en *Baba Bathra* 14*b*-15*a*, siglo II d.C.). Moore concluye diciendo: «Resulta fácil sospechar los motivos por los cuales se afirma que el libro obtuvo su canonicidad durante el Concilio de Jamnia: (1) el libro afirma ser un relato histórico exacto de un tiempo durante el cual los judíos se salvaron de casi quedar exterminados por completo y (2) el libro se convirtió en la *raison d'etre* de una popular festividad religiosa. Por otra parte, cuando tuvo lugar el Concilio de Jamnia los judíos, después de haber sido destruida Jerusalén por los romanos en el año 70 d.C. y de que el pueblo hubiese sido esparcido aún más que antes, tenían buena causa como para encontrar consolación en la esperanza de que surgiesen otra Ester u otro Mardoqueo.[7]

El hecho de que algunos cristianos de los primeros siglos de la historia de la Iglesia no aceptasen la canonicidad del libro de Ester no resulta decisivo al menos por dos motivos. Primeramente, porque los límites del canon judío no quedaron determinados por la Iglesia,

---

6. Cp. Harold Lindsell, *The Battle for the Bible* (Grand Rapids: Zondervan, 1976).
7. Moore, p. xxiv.

sino por Israel (cp. Ro. 9:4). Segundo, durante el período intertestamentario y los primeros siglos de la era cristiana la verdadera naturaleza y propósito de la nación de Israel en el plan eterno de Dios resultaron un tanto enigmáticos. Los escritos y su amplia aceptación de *The Greek Additions to Esther* («Las adiciones griegas a Ester») (*c.* 100 a.C.) con su esfuerzo artificial por «espiritualizar» el libro canónico suministrando motivos y palabras piadosas para Ester y Mardoqueo, demuestra sencillamente el malentendido fundamental del libro que caracterizó a la mayoría de los judíos y de los cristianos durante aquellos siglos.

Moore afirma que los cristianos del Este «que vivían más cerca de los centros judíos» generalmente rechazaban la canonicidad del libro, pero que los cristianos de Occidente (tales como Hilary, Rufino y Agustín y hasta es posible que Clemente de Roma, del primer siglo de la era cristiana) tenían tendencia a aceptar su canonicidad.[8] Pero el «mapa que ilustra la condición de canonicidad de Ester en la Iglesia cristiana primitiva»[9] de Moore parece contradecir esta opinión. Los testigos del Este a favor del canon, que se encontraban más cerca de Palestina (en Constanti de Chipre, Damasco de Siria y hasta de Cesárea y Jerusalén en Palestina) todos aceptaban la canonicidad del libro de Ester. La diversidad de opiniones que existe entre los cristianos primitivos sobre dicho tema, especialmente a la luz de una ignorancia muy esparcida sobre el auténtico propósito del libro no prueba en realidad nada respecto a la canonicidad del libro de Ester.

HISTORICIDAD

Al incrementar nuestros conocimientos sobre la historia del Próximo Oriente, gracias a los descubrimientos arqueológicos y a un detenido examen de documen-

8. *Ibid.*, pp. xxv, xxviii.
9. *Ibid.*, pp. xxvi-xxvii.

tos que teníamos ya a nuestra disposición, la crítica radical del libro de Ester, que caracterizó a los siglos XIX y principios del XX, resulta cada vez menos digna de credibilidad. Al principio de este siglo Lewis B. Paton aseveró que «el libro de Ester no era histórico y hasta resulta dudoso que exista en él un núcleo histórico en su narrativa».[10] Podemos situar actualmente semejante afirmación en el museo de opiniones que nada tienen de científico (para no decir de cristiano) respecto al libro.

¿Cuál es la base correcta para nuestro enfoque respecto a la historicidad de Ester? El cristiano reconoce con franqueza su propensión a aceptar la completa verdad histórica de los libros canónicos de la Biblia por respeto a las afirmaciones tan claras y repetidas que hizo el Señor Jesucristo.[11] Está, por lo tanto, dispuesto a aceptar el texto tal cual es, convencido de que el autor conocía mucho más acerca de las circunstancias exactas que rodearon a los sucesos que describe. Reconociendo claramente, en la mismísima naturaleza del caso, que resulta imposible esperar una confirmación absoluta, extrabíblica, de cada una de las afirmaciones que aparecen en la Biblia, por lo cual el cristiano da prioridad a la autoridad de la Escritura, ya que las fuentes que no son bíblicas no son inspiradas y solamente la Escritura es «inspirada por Dios» (2.ª Ti. 3:16) y, por lo tanto, completamente autoritaria y fidedigna.

No es de sorprender, por tanto, que un amplio abismo separe al enfoque conservador respecto al libro de Ester del enfoque liberal. Ningún escrito puede evitar por completo un cierto prejuicio de tipo teológico o filosófico. La pregunta que podríamos hacer es: ¿Qué prejuicio guía a un determinado investigador? Fijémonos, por ejemplo, en la sincera confesión que hace Carey A. Moore: «Como no tardará en descubrir el lector, la *His-*

---

10. Paton, p. 75.
11. Véase «The Chicago Statement on Biblical Inerrancy» que pueden conseguir de la siguiente dirección: International Council on Biblical Inerrancy, P. O. Box 13261, Oakland, California 94661, USA.

toria de las Guerras Persas, de Herodoto, no es tan sólo una fuente práctica para el conocimiento del historiador actual en lo que se refiere a la antigua historia y cultura persas, *sino que es, al mismo tiempo, un criterio primordial por medio del cual es posible juzgar la factible historicidad y autenticidad de numerosos "hechos" que aparecen en Ester.*» [12] Si damos por sentado, desde el principio, que un historiador griego que describa la vida cortesana de Persia, desde la perspectiva de un extraño, es más de fiar que el autor del libro de Ester, entonces no cabe duda de que las conclusiones a las que lleguemos sobre la historicidad del libro de Ester estarán claramente predeterminadas.

Pero, ¿cuáles son, exactamente, las objeciones principales respecto a la historicidad del libro que Lewis Paton y Carey Moore, dos de los principales críticos negativos de Ester en este siglo, han escogido? La larga lista de objeciones hechas por Paton incluyen tres de gran importancia.

(1) «Los personajes principales del libro, Vasti, Amán, Ester y Mardoqueo, son desconocidos en la historia.» [13] Pero la situación es totalmente diferente en nuestros días de lo que lo fue cuando fue publicado por vez primera el libro de Paton (en 1908). J. Stafford y William H. Shea [14] han mostrado cómo el nombre de *Vasti* muy bien podría ser una transliteración de *Amestris*, el nombre que Herodoto asigna a la primera reina de Jerjes (véanse mis comentarios más adelante sobre 1:9-12). *Amán* «el agagueo» (3:1) no era descendiente del Agag al que mató Samuel, sino que vino de una región en Media llamada Agag (cp. mis comentarios más adelante sobre 3:1). En cuanto a Ester, las evidencias circunstanciales respecto a la existencia de una segunda reina en la corte de Jerjes y en el harén han quedado

---

12. Moore, p. xlv, se ha añadido la letra cursiva.
13. Paton, p. 65.
14. J. Stafford Wright, «The Historicity of Esther» en J. Barton Payne, ed., *New Perspectives of the Old Testament* (Waco, Texas: Word, 1970), pp. 37-47 y William H. Shea, «Esther and History», *Andrews University Seminary Studies* 14, n.º 1 (primavera 1976), pp. 227-46.

destacadas por William Shea en su artículo «Ester y la historia» (véanse mis comentarios más adelante sobre 2:16-18). Y últimamente, aunque no menos importante, Mardoqueo ha comenzado a salir de las tinieblas de la oscuridad histórica (aparte de la Escritura) hasta tal punto que incluso el propio Carey Moore se ve obligado a admitir: «Mardoqueo pudo muy bien ser un personaje histórico» [15] (véanse mis comentarios más adelante sobre 2:5-6).

(2) «La afirmación de que las leyes de los medas y de los persas no podían ser alteradas (1:19, 8:8) ... está sin confirmar por las evidencias antiguas.» [16] Sin embargo, J. Stafford Wright, demuestra de manera convincente que semejante evidencia existe en realidad (véanse mis comentarios sobre 1:19-20).

(3) Ester no pudo ser nunca la reina de Jerjes porque el testimonio dado por Herodoto 3:84 dice que «la reina solamente podía ser escogida de entre siete de las más nobles familias persas».[17] Pero a pesar de ello Wright ha contestado con toda claridad a esta objeción también (véanse mis comentarios sobre 1:14).

Dos generaciones después de Paton, Carey A. Moore parece más cauto en sus acusaciones en contra de la historicidad del libro. Después de seleccionar unas cuantas de las «improbables» afirmaciones hechas por Paton respecto a Ester nos advierte: «Aunque resultan improbables, por supuesto, es posible que estas cosas hayan sido ciertas.» [18] Pero incluso «las más graves contradicciones» del libro (de las cuales hay una lista bajo las objeciones hechas por Paton) a Moore no le parecen concluyentes, ya que dice: «Si las tomamos de manera individual, pocas, si es que algunas, de estas inverosimilitudes y contradicciones son suficientemente graves como para minar la historicidad esencial de Ester.» [19]

15. Moore, p. 1.
16. Paton, p. 72.
17. Ibid.
18. Moore, p. xlv.
19. Ibid., p. xlvi.

Además de todo esto, Moore facilita ciertas evidencias que vienen a apoyar la historicidad del libro. Comienza diciendo:

> A primera vista el relato parece ser verdad. Aparte de la supuesta irrevocabilidad de las leyes persas y tal vez las víctimas de la batalla que tuvo lugar el trece de Adar, según se menciona en 9:16, nada de lo que aparece en el libro suena a improbable, cuanto menos a increíble, especialmente por el hecho de que la narrativa se centra sobre las intrigas de palacio y los prejuicios étnicos. Es más, el autor, que comienza su obra de la manera típica de todos los relatos bíblicos, anima a sus lectores a que confirmen los detalles de su historia, poniendo a su alcance las fuentes históricas (cp. 10:2). Solamente un escritor que obre de buena fe se atreve a extender semejante invitación a sus lectores. Además de eso el mismo libro es evidencia, por sí mismo, de que el autor sabía mucho sobre la época, el lugar y el marco de su relato... Gran parte de lo que dice el autor sobre Jerjes parece perfectamente compatible con lo que sabemos sobre él gracias a otras fuentes literarias y arqueológicas.[20]

(Véanse además las sorprendentes afirmaciones citadas de Moore en mis comentarios sobre 2:16-18.)

Para concluir, digamos que la confianza que el pueblo de Dios ha depositado, a lo largo de los siglos, en el libro de Ester ha sido grandemente confirmada durante nuestra generación. Ningún historiador podría, en justicia, demandar que cada uno de los detalles del libro fuese confirmado por evidencias procedentes del exterior, pues en la mismísima naturaleza del caso eso se encuentra totalmente por encima de los límites de la historiografía científica. Al propio tiempo, ahora es más evidente que nunca que ninguna de las afirmaciones hechas en el libro pueden quedar demostradas como erróneas. En vista de la abundancia de nombres, de fechas, de lugares y de las costumbres mencionadas en el libro, esto es tan sorprendente que sitúa a Ester en un dominio totalmente superior de realidad que los libros apócrifos de Judit y Tobías con los que se le ha

---

20. *Ibid.*, p. xxxv.

comparado con frecuencia. El cristiano puede afirmar con toda confianza, en lo que al libro de Ester se refiere, así como a cualquier otra parte canónica de la Escritura: «Tu palabra es verdad» (Jn. 17:17).

PROPOSITO

¿Qué puede decirse acerca del propósito religioso o del mensaje de un libro de la Biblia que menciona a un cierto rey persa 190 veces en 167 versículos, pero que no menciona a Dios para nada? ¿Cómo es posible encajar en el canon judío un libro que está lleno de crisis y de peligro para la nación, pero que se abstiene de hacer ninguna referencia a Jerusalén, al Templo, a la Ley, al Pacto, al sacrificio, a la oración, al amor o al perdón? Esta es, como es lógico, la razón por la cual la canonicidad (si no la historidad) del libro ha sido discutida por algunos de los principales pensadores judíos y cristianos durante más de dos mil años. Probablemente sea ésta también la razón por la que el libro de Ester no ha sido encontrado entre los manuscritos de Qumrán.

Se dice que Martín Lutero dijo durante un momento de su carrera: «Soy un enemigo tan acérrimo del segundo libro de los Macabeos y del de Ester que desearía que nunca hubiesen llegado hasta nosotros porque en ellos existen demasiadas cosas faltas de naturalidad y paganas.»[21] Como es natural, la mayoría de los eruditos cristianos no son tan audaces, pero a pesar de ello albergan muchas dudas y sienten confusión en cuanto al verdadero mensaje que Dios desea transmitir a Su pueblo por medio de esta porción de Su santa Palabra.

El problema básico tiene su origen en su falta de discernimiento con respecto al programa que Dios tiene para Israel que es diferente de Su programa para la Iglesia. Si las diversas metas cristianas y sus ministe-

---

21. Martín Lutero, *The Table Talk of Martin Luther*, nueva edición y traducción de William Hazlitt (Londres: Bohn, 1857), p. 11. (Sección xxiv de *Table Talk*).

rios bien definidos se sobreponen en el Antiguo Testamento o incluso en los cuatro evangelios, el resultado será inevitablemente la confusión y la frustración. Si esto es cierto en lo que se refiere a los relatos normativos y teocráticos de Levítico, de Josué o incluso de Crónicas, es aún más cierto en situaciones que no son normativas y que están descritas en Jueces, en parte de Samuel y de Reyes, pero de manera especial en el libro de Ester.

En realidad el problema viene a ser doble. En primer lugar, la mera idea de una teocracia israelita les resulta ofensiva a un gran número de cristianos de nuestros días. ¿Podemos tomar en serio la idea de que Dios libró a millones de israelitas de la esclavitud egipcia y los situó en Canaán cuando el hacerlo iba a representar la muerte de un enorme número de egipcios y de cananeos? ¿Acaso eso no es contradictorio a la «ética cristiana»?

El segundo problema resulta aún más serio. ¿Cómo podía ese Dios santo de Israel continuar destruyendo gentiles, no solamente en Palestina, sino por todo el Imperia Persa durante los días del rey Jerjes y a continuación dejar registrada esa matanza en el libro de Ester sin referencia alguna a sí mismo ni a ninguna de Sus instituciones teocráticas reveladas?

La respuesta a la primera pregunta se encuentra en los atributos fundamentales de Dios y en la naturaleza del hombre post-adámico a la luz de los designios eternos de Dios. Los hombres pecaminosos no merecen vivir en la tierra que es de Dios y ese es el mensaje básico del diluvio que aconteció durante los tiempos del Génesis. Dios es absolutamente santo, pero al mismo tiempo imparte Su gracia y ha determinado bendecir a las naciones en proporción a la respuesta de las mismas a Su mensaje, dado por medio de una nación, Israel, creada por Su gracia divina (Gn. 12:1-3; Dt. 7:6-11). Las naciones y las personas que odiaban a Israel demostraban, de ese modo, su rechazo del plan de Dios, lleno de gracia, de salvación y eran destinadas a ser destruidas.

Es importante notar que esta negativa o aspecto violento de la teocracia israelita no era opcional y no estaba en manos de los miembros más indignos o no regenerados de la nación. En realidad eran los hombres más espirituales (por ejemplo, Abraham, Moisés, Josué, Samuel o David) los que eran llamados por Dios para matar a otros para el cumplimiento de Sus propósitos en la tierra. Para que los judíos hubiesen adoptado la actitud pacifista de «vivir y dejar vivir» cuando se trataba de los gentiles idólatras que estaban en Palestina y que realmente merecían el juicio divino (cp. Jue. 1-2).

Precisamente esa tragedia fue la que sucedió por fin. Debido a que durante siglos fueron desobedientes al programa teocrático de su Dios, especialmente en el compromiso religioso al que llegaron con sus vecinos gentiles, primeramente con las tribus del norte (722 a.C.) y luego con Judá (586 a.C.) fueron deportados y esparcidos por toda Mesopotamia y más allá. Las formas externas de la teocracia fueron destruidas por las naciones gentiles que odiaban al Dios de Israel.

Sin embargo, en el año 536 a.C., solamente medio siglo antes de las primeras escenas que aparecen en el libro de Ester, cincuenta mil judíos fueron conducidos por un Dios bondadoso para que regresasen a Jerusalén, bajo la dirección de un gobernador llamado Zorobabel y un sumo sacerdote llamado Josué. Ellos erigieron con gozo un altar para el sacrificio y comenzaron a reconstruir su Templo. De este modo Jerusalén se convirtió nuevamente en el centro del programa redentor de Dios para el mundo entero (Hag. 2; Zac. 4). Muchos judíos piadosos, como Daniel, no pudieron regresar con esa explicación, pero sus corazones sí fueron con los demás (cp. Sal. 137:4-6; Dn. 6:10). Como es lógico, encontramos viviendo en Babilonia (Esd. 7) y en Susa (Neh. 1-2), muchos años después, a jóvenes que amaban a su Dios, pero el punto crucial y evidente es que cuando surgió la oportunidad pudieron realizar el deseo de sus corazones regresando a Jerusalén para llevar a cabo el plan teocrático de Dios.

La situación descrita en el libro de Ester, sin embargo, es totalmente diferente de la de Zorobabel, de Josué, de Esdras y Nehemías. Esto nos ofrece la clave a la solución del segundo y principal de los problemas. No parece existir ninguna evidencia que apunte al hecho de que ni Mardoqueo ni Ester albergaran ningún deseo de relacionarse con el centro del programa teocrático de Dios viajando a la ciudad de Jerusalén, ofreciendo los sacrificios prescritos por Moisés sobre el altar, por mediación del sacerdocio levítico y orando a Jehová en Su santo templo. Ni tampoco existe evidencia alguna que indique que hubiese nada que les impidiese ir.

Ahora bien, la relación personal de Mardoqueo y de Ester con el Dios de Israel no es una sencilla cuestión académica, pues sobre la respuesta adecuada a esta cuestión reside, en gran parte, la explicación de que no aparezca en el libro el nombre de Dios, el que dicho libro no formara parte del canon hebreo y la relación teocrática del actual Israel con Dios. Por éstos y otros motivos, esta cuestión ha sido debatida muy seriamente a lo largo de los siglos y merece un cuidadoso análisis.

Casi todas las personas que estudian detenidamente el libro tienen que admitir que tanto el héroe como la heroína del mismo daban muestras de algunos elementos de alta moral en sus caracteres. Esto es especialmente evidente en la crisis que sufrió Ester, en el capítulo 4, cuando Mardoqueo, en su súplica a Ester para que apelase ante el rey a favor de su pueblo (4:13-14), hizo una referencia, aunque de modo un tanto cubierta, a la providencia de Dios, a la luz del Pacto hecho a Abraham, y cuando Ester pidió a los judíos de Susa que «ayunasen por ella» (4:16) durante tres días, mientras ella se preparaba para aparecer ante el rey, aun a riesgo de su propia vida.

Si bien podemos admitir todo esto, el análisis que nuestro Señor hace de los judíos de Su tiempo, que fácilmente apelaban al Pacto hecho a Abraham (Mt. 3:9; Jn. 8:39) debiéramos estar advertidos de que debemos encontrar evidencias más positivas que éstas a fin de poder clasificar a un determinado judío como perteneciente al verdadero «resto» de Israel (Is. 4:2-3; cp. Jn. 1:47 y Ro. 9:6-8). Al fin y al cabo en el Israel actual siguen existiendo muchos «Mardoqueos» y muchas «Ester» que demuestran un gran valor y nobleza en su determinación a morir, si ello fuese necesario, para la perpetuación de su nación e incluso de su religión, pero debemos, al mismo tiempo, reconocer que lamentablemente muy pocos de estos valerosos israelitas conocen a su Dios, que lo fue también de sus padres, en el sentido de confiar en la provisión que El hace para su eterna salvación por los méritos del Mesías (cp. Is. 53; Ro. 11:25, 28).

Debemos reconocer que Ester deseaba ser esposa de Jerjes, que era un ferviente seguidor de Zoroastro. A ella no la llevaron por la fuerza al harén del rey (véase mis comentarios sobre 2:8). Además del hecho de que ocultó su nacionalidad comiendo alimentos inmundos durante muchos meses (2:9). «No cabe duda de que eso habla muy poco en favor de Ester porque no solamente está en su contra el hecho de que no cumplió con las reglas dietéticas, sino que al propio tiempo no tuvo en cuenta la autoridad de la ley. Ella no dio muestras de ese "judaísmo a ultranza" que distinguió a Daniel e incluso a la apócrifa Judit... ella mantuvo su secreto durante al menos cinco años (cp. 2:16; 3:7). Para que el engaño pudiese durar tantísimo tiempo, tuvo que hacer más que comer, vestir y vivir como una persona. ¡Debió de adorar también como si lo fuese!»[22] «A pesar de la insistencia de lo que dice en 2:20 respecto a que Ester no declaró su identidad como judía debido a que Mardoqueo así se lo había mandado, queda aún la impresión de que el judaísmo de Ester era más un hecho de nacimiento que de convicción religiosa.»[23]

22. Carl A. Baker, «An Investigation of the Spirituality of Esther» (M. Div. tesis, Grace Theological Seminary, 1977), pp. 21-22.
23. Moore, p. liv.

Nos enfrentamos con un problema similar con respecto a la espiritualidad de Mardoqueo. Resulta impensable que un judío piadoso ocultase su identidad durante un largo período de tiempo y que ordenase a otra persona que también lo hiciese. Bajo estas circunstancias, este hecho no puede ajustarse a la intención del primero de los Diez Mandamientos, ni puede su negativa a inclinarse ante Amán explicarse en base a su convicción religiosa (véanse mis comentarios sobre 3:2 y 3:4). J. Stafford Wright concluye diciendo: «El juicio cristiano en lo que al libro de Ester se refiere se ha visto innecesariamente obstaculizado por el sentimiento de que por ser Mardoqueo un personaje de la Biblia, debía de ser un buen hombre... cuando al igual que sucedió en el caso de Jehú puede que no pasase de ser uno que cumple su propósito. La Biblia no emite juicio moral alguno respecto a él, pero sí que espera que nosotros hagamos uso de nuestro sentido cristiano. El fue tomado por Dios, pero no fue necesariamente un hombre santo.» [24]

Vista a la verdadera luz del programa revelado por Dios para la teocracia israelita, la muerte de 75.000 gentiles que odiaban a los judíos, por todo el Imperio Persa, durante el reinado de Jerjes no puede facilitarnos una objeción válida respecto a la inspiración y canonicidad del libro (véanse mis comentarios sobre 8:11) como tampoco lo fuera la muerte de los primogénitos por todo Egipto una base para poner en duda la inspiración del libro de Exodo. Estos libros inspirados nos demuestran que Dios tomó en serio el pacto abrahámico; en el primer caso de manera milagrosa y en el otro de modo providencial, ya que Dios impidió que Satanás triunfase en sus esfuerzos desesperados por destruir al pueblo de Su pacto. Si no hubiera existido el Exodo, los descendientes de Israel hubiesen acabado por ser absorbidos y hechos paganos por los egipcios que eran

24. Wright, p. 45.

idólatras. De ese modo ni habría habido un Cristo ni una salvación para el mundo.

Pero Purim no es menos significativa por esta razón. Muchos judíos han secularizado la fiesta (como, de hecho, han secularizado toda su religión de manera efectiva [Is. 1 y Mt. 23]). De hecho el *Talmud* (Megillah 7*b*) recomendaba que los judíos bebiesen vino durante la celebración de Purim hasta que fuesen incapaces de distinguir entre «¡Bendito sea Mardoqueo!» y «¡Maldito sea Amán!». Pero esta profanación no puede oscurecer la maravillosa providencia de Dios en el suspense extraordinario de este gran drama de la confrontación divina y satánica que se desarrolla sobre el escenario que es la historia, con la mano de Dios (aunque no de una manera tan empíricamente visible como en el Exodo), claramente discernible tras el telón. No debemos de olvidar que si el complot de Amán hubiese triunfado, no solamente los judíos que se encontraban en Susa, sino toda la comunidad teocrática en Jerusalén hubieran sido barridos de la faz de la tierra. Como observó Jacob Hoschander, el que no hubiese existido la fiesta de Purim hubiese representado que tampoco hubiese existido Israel y, por lo tanto, tampoco el cristianismo.[25]

¿Por qué, pues, resulta evidente que el nombre de Dios y todas las ideas teocráticas se evitan a lo largo de todo el libro? No era porque la presencia de Dios fuese algo vago o incierto, ni tampoco porque miles de gentiles muriesen a manos de los judíos. Ni se debe este hecho tampoco a que el héroe y la heroína del libro, ambos judíos, fuesen probablemente personas no regeneradas.

La verdadera razón es que Mardoqueo, Ester y los judíos de Susa no solamente se encontraban fuera de la tierra prometida, sino, lo que es más, ni les preocupaba siquiera el plan teocrático de Dios que se centraba en aquella tierra. Por otro lado, Dios se identificó oficialmente con judíos no regenerados y ruines, que ocu-

---

25. Jacob Hoschander, *The Book of Esther in the Light of History* (Filadelfia: Dropsie College, 1923), p. 10.

paban puestos en la realeza o en el sacerdocio, dentro de la teocracia, judíos como Saúl, Ajaz, Zedequías e incluso hombres como Acab y Jehoram en el reino del norte. Esta distinción, de vital importancia, fue algo de lo que no se apercibieron los judíos del período intertestamentario, que se esforzaron por mejorar el libro de Ester por medio del apócrifo *Añadiduras a Ester*. Mediante un rechazo tan absurdo y deliberado de las advertencias del Deuteronomio 4:2*a*; 12:32, y de Proverbios 30:6 («no añadas nada a sus palabras, para que... no seas hallado mentiroso») estos judíos intertestamentarios lograron distorsionar de manera permanente el mensaje de Dios que aparece en el libro de Ester.

Creemos que esto nos ofrece la mejor explicación y la que resulta la más definitiva respecto a la omisión del nombre de Jehová. El sugerir que este nombre ofendiese a los oficiales del Purim y que, por lo tanto, toda referencia a El se excluyese con todo cuidado del libro es tener una pobre opinión sobre la inspiración de la Escritura. Hace una generación John Urquhart llegó a la conclusión, muy apropiada, de que «la historia de la obra de Dios sobre la tierra no puede nunca asociarse» con los judíos no creyentes, que deliberadamente se desligan del programa revelado por Dios. «En Su providencia los cuidará y los liberará, pero el nombre de ellos y el Suyo no aparecerán juntos en los anales del trabajo y en el período de espera antes de la salvación de la tierra.» [26] Edward J. Young y Gleason L. Archer concuerdan en esta opinión. [27]

La providencia innegable de Dios, tal y como se observa en la manera en que El cuida a Su pueblo, en los detallados sucesos de este libro asombroso, unido al hecho de que se omite Su nombre (para no decir nada de

---

26. John Urquhart, «Esther, Book of», en *The International Standard Bible Encyclopedia*, 5 vols., ed. James Orr (Grand Rapids, 1946), 2:1009.
27. Edward J. Young, *Una Introducción al Antiguo Testamento* (Grand Rapids: Editorial T. E. L. L., 1977), p. 415, y Gleason L. Archer, *A Survey of Old Testament Introduction*, ed. rev. (Chicago: Moody Press, 1974), p. 417.

la total falta de intervenciones sobrenaturales), apuntan tanto a la tragedia como a la esperanza del Israel actual. A pesar de que *ya* han regresado muchos judíos a la tierra prometida, que es Israel, como nación, son personas no regeneradas y que *no* tienen acceso alguno a las instituciones teocráticas del Antiguo Testamento. Israel ha visto al Mesías, pero también le ha rechazado y lo mismo que sucede con las ramas originales que han sido desgajadas del olivo, las bendiciones de Dios han quedado separadas de Israel (Ro. 11:16-22). Por lo tanto, el Espíritu Santo advierte a la Iglesia por medio del apóstol de los gentiles: «Así que en cuanto al evangelio, son enemigos por causa de vosotros» (Ro. 11:28). Esa es la tragedia de Israel en nuestros días.

Pero al mismo tiempo, el libro de Ester es un mensaje divino de esperanza para Israel, porque a pesar de su condición de nación que no es salva, que es cortada, por causa de su incredulidad, de las instituciones dadas por Dios, no ha sido olvidada por El. Puede que ya haga tiempo que las naciones del mundo se hayan olvidado del Pacto que Dios hizo con Abraham, pero Jehová no se ha olvidado. «He aquí, no se adormecerá ni dormirá el que guarda a Israel» (Sal. 121:4). Es cierto que El la cortó del árbol de Su bendición, pero también es sorprendentemente cierto que «y aún ellos [Israel], si no permanecieren en incredulidad, serán injertados, pues poderoso es Dios para volverlos a injertar» (Ro. 11:23). ¿Cómo puede ser esto? La respuesta aparece clara: «Porque no quiero, hermanos, que ignoréis este misterio...: que ha acontecido a Israel endurecimiento en parte, hasta que haya entrado la plenitud de los gentiles; y luego todo Israel será salvo» (Ro. 11:25-26). ¿Es Israel en nuestros días de verdad un enemigo de Dios, que no merece ni siquiera oficialmente Su nombre? Sí, lo cual resulta trágico (cp. 1.ª Ts. 2:14-16). «Pero en cuanto a la elección [de Dios], son amados por causa de los padres. Porque irrevocables son los dones y el llamamiento de Dios» (Ro. 11:28-29). Esta es la esperanza de Israel y la de todo el mundo (Ro. 11:12-16).

Y ése es el misterio y el mensaje que el libro de Ester tiene para nuestro mundo de hoy. Existe el rechazo de la divinidad, pero al mismo tiempo existe la providencia divina. Hay tragedia, pero hay al mismo tiempo esperanza. Lo cierto es que Mardoqueo no pudo llegar a comprender que la fiesta de Purim no podía resolver la auténtica tragedia. Para millones y millones de judíos su advertencia a Ester ha tenido un cumplimiento: «Tú y la casa de tu padre pereceréis» (Est. 4:14), pero habló también muy por encima de sus conocimientos cuando le prometió: «Vendrá de alguna otra parte respiro y liberación para los judíos» (4:14). Esa «otra parte» resultó ser el propio Mesías de Israel, que habló con una autoridad mil veces superior y con un conocimiento de la tragedia que se iba a cernir sobre Israel además de la esperanza: «¡Cuántas veces quise juntar a tus hijos... y no quisiste! He aquí vuestra casa os es dejada desierta. Porque os digo que desde ahora me veréis, hasta que digáis: BENDITO EL QUE VIENE EN EL NOMBRE DEL SEÑOR» (Mt. 23:37-39).

1

VASTI DEGRADADA
(1:1-22)

Durante el último día de una fiesta de siete días de duración en la ciudad real de Susa, el rey Jerjes mandó que la reina Vasti apareciese en su presencia, delante de los nobles que estaban borrachos para mostrar su belleza. La negativa de ella provocó la ira del rey y éste siguió el consejo de Memucán, que era uno de los siete príncipes, de que ella fuese degradada por medio de un decreto público para que todas las esposas del Imperio Medo-Persa honrasen a sus maridos.

1*a*. «*Aconteció en los días de Asuero.*» Este no puede ser otro que el nombre hebreo de ese emperador de Persia, hombre caprichoso, cruel, pero no por ello inconsecuente, que reinó de los años 486 a 465 a.C., cuyo auténtico nombre fue Khshayarsha y que fue conocido entre los griegos como Jerjes. Aunque Josefo siguió a los traductores de la Septuaginta en su noción equivocade de que se trataba del hijo de Jerjes, Artajerjes, la erudición actual le identifica de manera casi unánime como Jerjes. Por ejemplo, el teólogo liberal Lewis B. Paton podría decir:

> Identificando a Asuero con Jerjes concuerdan todas las declaraciones del libro de Ester, que era un rey persa que reinó también sobre Media (1:3, 18), extendiéndose su imperio desde la India a Etiopía y que contenía 127 satrapías (1:1, 8:9, 9:30), incluyendo al propio tiempo las islas del Mediterráneo (10:1), estando su capital en

Susa en Elam (1:2, etc.). *Todo esto es cierto respecto a Jerjes, pero no sobre ningún otro monarca persa.* El carácter de Asuero tal y como está descrito en el Libro de Ester, concuerda también con el relato de Jerjes, dado por Herodoto y por otros historiadores griegos. *Por estos motivos, existe un acuerdo general entre los eruditos actuales judíos, católicos y protestantes que al decir Asuero el autor del libro de Ester quiere decir Jerjes.*[1]

Existe un factor de suma importancia bíblica para la identificación de Jerjes y se encuentra en Esdras 4:5-7, que coloca a este Asuero después de Ciro y de Darío, pero *antes* de Artajerjes.[2] Jerjes debe ser, además, el rey al que se hace referencia en Daniel 11:2 como el cuarto y el más rico de los reyes persas, el que «alzaría a todo el imperio en contra del reino de Grecia».

En su gran campaña en contra de Grecia, que duró de 481 al 479 a.C., con un ejército de probablemente doscientos mil hombres y una armada de muchos cientos de navíos, Jerjes intentó desesperadamente vengar la humillante derrota que sufrió su padre Darío I (552-486 a.C.), durante la batalla de Maratón (490 a.C.). Pero a pesar de un planeamiento y una estrategia sorprendentemente hábil, su ejército quedó casi bloqueado por los espartanos en el paso de Termópilas y fue derrotado en Plataea, al noroeste de Atenas (479 a.C.), poco después de que su gran armada fuese destrozada ante sus propios ojos en Salamis, al oeste de Atenas (480 a.C.).[3]

---

1. Lewis B. Paton, «Esther», *International Critical Commentary* (Nueva York, Scribner's, 1908), p. 54, cursiva añadida. Véase también William H. Shea, «Esther and History», *Andrews University Seminary Studies* 14, n.º 1 (primavera 1976): p. 288, n. 4.

2. Cp. J. Finegan, *Light from the Ancient Past*, 2.ª ed. (Princeton: Princeton U., 1959), p. 238 y Robert Gordis, *Megillat Esther* (Nueva York: Ktav, 1974), p. 5.

3. Para toda la historia, véase A. T. Olmstead, *History of the Persian Empire* (Chicago: U. de Chicago, 1948), pp. 248-61, y especialmente C. Hignett, *Xerxes Invasion of Greece* (Oxford: Oxford U., 1963), y A. R. Burn, *Persia and the Greeks: The Defense of the West 546-478 a.C.* (Nueva York: Minerva, 1968), pp. 318-546. Para dibujos ilustrativos véase la National Geographic Society, *Greece and Rome* (Washington D. C.: Nat. Geo. Soc., 1968), pp. 148-63.

Fue de manera especial en sus tres últimos volúmenes acerca de las *Guerras Persas* donde Herodoto (485?-425? a.C.) se destacó como historiador.[4] Si bien es cierto que Herodoto dijo algunas cosas positivas acerca de Jerjes, él y especialmente otros historiadores griegos posteriores, tales como Ctesias, Jenofonte, Strabo y Plutarco nos han pintado un retrato tradicional de Jerjes, como un gobernante incompetente y corrupto. Pero el otro aspecto administrativo, que llega hasta nosotros, de este monarca persa, comienza ahora a hacer su aparición al poner los arqueólogos a nuestra disposición inscripciones y monumentos en diversos lugares de su vasto imperio.

> Un estudio de los anales persas indica que Jerjes fue un gobernante que tuvo mucho más éxito de lo que sugirió Herodoto. Hijo de Darío y de la reina Atosa, que era hija de Ciro y hermana de Cambises, Jerjes nació para reinar y durante los últimos doce años sirvió como virrey de Babilonia. Apenas había ascendido al trono cuando Egipto y luego Babilonia se rebelaron en su contra y él reprimió ambas rebeliones con toda presteza e impuso severos castigos a los ofensores... Teniendo estos antecedentes se encontró bien equipado, a la muerte de su padre, para asumir las dos tareas que Darío había dejado sin concluir: la conquista de Grecia y el completar el palacio real que se encontraba en Persépolis. Como todo el mundo sabe, Jerjes fracasó de modo aplastante en la primera de estas empresas... pero como pocos lectores saben, Jerjes tuvo un gran éxito en su segunda labor: la construcción de Persépolis.[5]

A pesar de que Jerjes era un adorador de Ahuramazda y de que mostró menos tolerancia en cuanto a otras religiones y sus templos que sus predecesores reales, no fue un Zoroastra puro. «Jerjes se encontró, en espíritu, más lejos de Zoroastro que su propio padre, pero a pesar de ello parece que se adhirió conscientemente a este último y que distorsionó, de puro propósito, la forma

4. Cp. Hignett, p. 25-40 y Burn, pp. 1-17.
5.. Carey A. Moore, «Esther», *The Anchor Bible* (Garden City, N. Y.: Doubleday, 1971), p. xxxviii.

de la religión del Profeta, tal y como le había sido interpretada por el Mago.» [6]

1*b*. «*El Asuero que reinó desde la India hasta Etiopía.*» A fin de evitar cualquier posible confusión con el Asuero (Dn. 9:1) cuyo hijo, Darío el Meda, fue gobernador de todas las antiguas provincias babilonias, bajo Ciro el Grande, desde 539 hasta más o menos 525 a.C., el autor apunta hacia el amplio territorio sobre el cual gobernó Jerjes (cp. Est. 8:9; 10:1).[7]

La «India» a que se hace referencia aquí (en hebreo *hôddû* = el río Indus en sánscrito) es equivalente a la provincia del Punjab en el Pakistán actual. Herodoto, el gran historiador griego del siglo v a.C., nos dice que tanto India como Etiopía (en hebreo *kûs*) estaban sometidas bajo el poder de Jerjes (3:94-98; 7:9), habiendo sido la India conquistada por su padre, Darío I, y Etiopía por Cambises (530-522 a.C.). Aún de mayor importancia que este testimonio es el descubrimiento, en Persépolis, de una tablilla que dice en parte: «Así habla el rey Jerjes: Estos son los países, además de Persia, sobre los que soy rey, bajo la sombra de Ahuramazda: … India… [y] Kush.» [8]

1*c*. «*Sobre ciento veintisiete provincias.*» Algunos eruditos han considerado que esto es contradictorio a lo que afirmó Herodoto, que dio una lista de solamente veinte satrapías para Darío I (3:89-94), y al libro de Daniel, el cual se refiere a 120 sátrapas, nombradas por Darío el Meda (Dn. 6:1). Sin embargo, la palabra «provincias» (hebreo *medînâ*) se refiere en este caso a uni-

---

6. Burn, p. 316, citando a R. C. Zaehner, *The Dawn and Twilight of Zoroastrianism*, The Putnam History of Religion (Nueva York: Putnam, 1961), p. 161. Véase también Robert J. Littman, «The Religious Policy of Xerxes and the Book of Esther», *The Jewish Quarterly Review*, n. s. 65, n.º 3 (enero, 1975), pp. 145-55.

7. Véase John C. Whitcomb, *Darius the Mede* (Nutley, N. J.: Presbyterian & Reformed Publishing, 1963), pp. 17-24.

8. James B. Pritchard, ed., *Ancient Near Eastern Texts*, 3.ª ed. (Princeton: Princeton University, 1969), p. 316. Para el texto original véase Roland G. Kent, *Old Persian* (New Haven: American Oriental Society, 1953), p. 151.

dades gubernamentales (o raciales) más pequeñas, dentro del imperio, tal como la provincia de Judá (Neh. 1:3), mientras que Herodoto se refería a las más amplias unidades de impuestos, tal como la quinta satrapía, que incluía a toda Fenicia, Palestina, Siria y Chipe (3:91). Por otro lado, el libro de Daniel no habla de ninguna de estas unidades territoriales, ya que se limita a decir que Darío el Meda «nombró 120 sátrapas sobre el reino». (Dn. 6:1).[9]

2. «*Que en aquellos días, cuando fue afirmado el rey Asuero sobre el trono de su reino, el cual estaba en Susa, capital del reino.*» Susa (que es el nombre griego) o Susán (que es el hebreo) era la antigua capital de Elam, que Darío I reconstruyó como la capital de invierno del Imperio Persa. En verano el calor resultaba intolerable, de modo que se estableció una capital de verano en Ecbatana (actualmente Hamadan) en las montañas, doscientas millas (322 kilómetros) al norte (véase Esd. 6:1-2). Otras capitales eran Babilonia, que se encontraba a doscientas millas (322 kilómetros) al oeste y Pasagarde y, más adelante, Persépolis, ambas a trescientas millas (483 kilómetros) al sureste.

Resulta fascinante el darnos cuenta de que la ciudad de Susa, en la cual se desarrollaron los sucesos del libro de Ester, fue visitada por Daniel en el año 551 a.C. en una visión (Dn. 8:1-8) en la cual vio, por adelantado, un rápido ascenso del Imperio Medo-Persa (que comenzó un año después, en la gran victoria de Ciro sobre el anciano y corrompido Astyages el meda). Daniel contempló además las victorias posteriores de Alejandro el Grande, sobre el Imperio Persa (332-323 a.C.). Otra nota interesante es que en los años 446-445 a.C., una generación después de que tuviesen lugar los acontecimientos del libro de Ester, encontramos a Nehemías sirviendo en Susa como copero de Artajerjes durante los

---

9. Cp. Whitcomb, pp. 31-33.

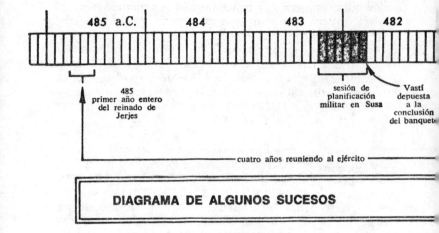

485 a.C. | 484 | 483 | 482

485
primer año entero
del reinado de
Jerjes

sesión de
planificación
militar en Susa

Vastí
depuesta
a la
conclusión
del banquete

cuatro años reuniendo al ejército

DIAGRAMA DE ALGUNOS SUCESOS

meses de invierno, o sea de diciembre a marzo (cp. Neh. 1:1 — 2:1).[10]

3a. «*En el tercer año de su reinado hizo banquete a todos sus príncipes y cortesanos.*» Esta gran fiesta (hebreo *misteh*, literalmente, «una fiesta para beber»; esta misma palabra hebrea se usa en Jueces 14:10 con relación al banquete de bodas de Sansón) y los seis meses de deliberación que les precedieron tuvieron lugar en 483/482 a.C. El propósito de esta gran reunión no se explica, pero es casi seguro que durante la misma Jerjes realizó sus planes para la invasión de Grecia. Hero-

10. La fascinante historia de Susa y los otros grandes lugares imperiales del Imperio Persa han sido descritos por Roman Ghirshman, *The Arts of Ancient Iran* (Nueva York: Golden, 1964), pp. 137-208 y por Charles F. Pfeiffer y Howard F. Vos, *The Wycliffe Historical Geography of Bible Lands* (Chicago: Moody Press, 1967), pp. 263-87. Véase también Edwin M. Yamauchi, «The Achaemenid Capitals», *Near East Archaelogical Society Bulletin*, n. s. 8 (1976), pp. 5-81. Un erudito que niega la historicidad de Ester admite que «las excavaciones del lugar no han demostrado nada en contra de las afirmaciones, aunque resulten un tanto vagas, que se hacen en Ester referente a Susa» (Moore, p. 5).

40

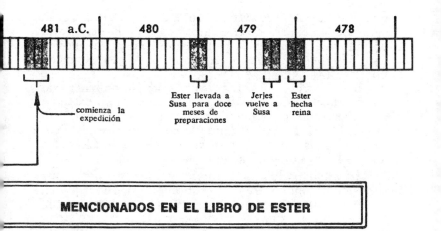

481 a.C. | 480 | 479 | 478

comienza la expedición

Ester llevada a Susa para doce meses de preparaciones

Jerjes vuelve a Susa

Ester hecha reina

MENCIONADOS EN EL LIBRO DE ESTER

doto describe esta importante ocasión del siguiente modo:

> Disponiéndose Jerjes a tomar bajo su mando la expedición que iba a dirigirse contra Atenas, hizo convocar una asamblea de los más nobles persas para enterarse de sus opiniones y para exponer ante ellos sus propios designios. De manera que cuando los hombres estuvieron reunidos, el rey les habló con las siguientes palabras: «...mi intención es construir un puente sobre el Helesponto y hacer que un ejército pase a través de Europa, hasta llegar a Grecia, con el propósito de vengarme de los atenienses por los males que cometieron en contra de los persas y en contra de mi padre [7.8].» [11]

Herodoto explica asimismo que «contando con la recuperación de Egipto [durante el primer año íntegro del reinado de Jerjes: 485 a.C.], Jerjes se tiró cuatro años enteros reuniendo a sus huestes y preparándose todo lo

---

11. Todas mis citas de Herodoto son de la traducción de George Rawlinson en Francis R. B. Godolphin, ed., *The Greek Historians*, 2 tomos (Nueva York, Random House, 1942).

que habrían de necesitar sus soldados» (7:20). La gran campaña en contra de Grecia comenzó en la primavera del año 481 a.C. Vale la pena darse cuenta de que los anales bíblicos y la fecha, en lo que a este despliegue de poder militar y real se refiere, duró seis meses (véanse mis comentarios sobre Est. 1:4-5), encajan de maravilla con los hechos de la historia secular: la manifestación de poder tuvo lugar debidamente cuando estaban presentes los visitantes, teniendo lugar cuando se estaban reuniendo las tropas para la campaña y aconteció antes de que la expedición partiese hacia Grecia.[12]

Los teólogos liberales, totalmente entregados a sus suposiciones en contra de lo sobrenatural, como pudiera ser su creencia de que las Escrituras no están totalmente inspiradas por Dios y que, por lo tanto, no siempre son ciertas en cuanto a su contenido histórico, siguen impasibles por esas armonías tan maravillosas e inesperadas (para ellos) entre la historia sagrada y la secular. Por ello se nos dice que «estas especulaciones en cuanto al porqué del banquete son de interés solamente si uno está convencido del carácter estrictamente histórico del libro».[13]

Igualmente significativo e imposible de explicar como sencilla coincidencia literaria es el intervalo de cuatro años de duración entre la degradación de Vasti en el año 482 a.C. (1:3) y la coronación de Ester, que tuvo lugar en el año 479 a.C. (2:16) (véanse mis comentarios sobre 2:1 y 2:16). Ese parón cronológico en la narrativa es lo que podríamos esperar si, como nos informan los historiadores griegos, Jerjes participó durante ese período de tiempo en su campaña militar contra los griegos. Carey A. Moore insiste en que el texto bíblico «no dice por qué fueron precisos cuatro años, después de que Vasti fuera degradada, para poder encontrar a su sucesora» y continúa diciendo: «aquellos que están a favor de la historicidad de Ester citan con

12. Cp. Shea, p. 231.
13. Moore, p. 12, citando con la aprobación de Patón, p. 129.

frecuencia el hecho de que Jerjes debió encontrarse ausente, en Grecia, durante dos de esos cuatro años», como si la ausencia de Jerjes fuese una explicación sorprendente e inesperada para ese espacio de cuatro años.[14] La posibilidad de que la Palabra de Dios sea real e históricamente exacta y que esa evidencia circunstancial, en cuanto a su historicidad, son prueba convincente de su exactitud es algo que, al parecer, escapa a la actual crítica negativa.

3b. «*Teniendo delante de él a los más poderosos de Persia y de Media, gobernadores y príncipes de provincias.*» Durante los tiempos de Darío el Meda (que era un subordinado de Ciro), dos generaciones anteriores, Media era normalmente mencionada antes que Persia (cp. Dn. 6:8), pero después Persia se convirtió en más importante en la doble monarquía. «Los gobernadores» y «los príncipes» representan a los gobernantes civiles del imperio en contraste a los gobernantes militares.

4-5. «*Para mostrar él las riquezas de la gloria de su reino, el brillo y la magnificencia de su poder, por muchos días, ciento ochenta días. Y cumplidos estos días, hizo el rey otro banquete por siete días en el patio del huerto del palacio real a todo el pueblo que había en Susa, capital del reino, desde el mayor hasta el menor.*» Durante los 180 días Jerjes discutió los planes de guerra con sus subordinados y los intimidó con la opulencia y la grandeza de su corte. Después de esto se celebró una fiesta de siete días de duración (vv. 3 y 5 probablemente se refieren a la misma fiesta o banquete)[15] porque «*todo el pueblo que había en Susa, capital del reino*», incluyendo a los dirigentes de las diferentes provincias que habían venido para los planes realizados

---

14. Moore, p. 24.
15. Véase C. F. Keil, *The Books of Ezra Nehemiah, and Esther*, trad. Sophia Taylor, *Biblical Commentary on the Old Testament*, de C. F. Keil and F. Delitzsch (1873); reimpresión, Grand Rapids: Eerdmans, 1950, pp. 322-24.

durante esos 180 días. «*El patio del huerto del palacio real.*» Esto debe referirse al terreno, o al parque, que rodeaba al palacio. Todo el conjunto confirma, al pie de la letra, la profecía que Daniel pronunció en el año 536 a.C., según la cual «habrá tres reyes en Persia [Cambises, Pseudo-Smerdis y Darío I], y el cuarto [Jerjes] se hará de grandes riquezas más que todos ellos; y al hacerse fuerte con sus riquezas, levantará a todos contra el reino de Grecia» (Dn. 11:2).

6. «*El pabellón era de blanco, verde y azul, tendido sobre cuerdas de lino y púrpura en anillos de plata y columnas de mármol; los reclinatorios de oro y de plata, sobre losado de pórfido y de mármol, y de alabastro y de jacinto.*»   Los significados de algunas de estas palabras siguen siendo oscuros, pero las versiones Reina-Valera y Nacar-Colunga dan el sentido general. El cortinaje de algodón (hebreo *karpas* = lino fino) blanco y azul (los colores reales [cp. Est. 8:15]) estaba colgado de calumnas de marfil por medio de anillas de plata. Había además divanes de oro y plata (cp. 7:8) sobre suelos hechos de piedras, que habían sido colocadas de diversos colores. Este palacio, de una belleza extraordinaria quedó totalmente destruido por el fuego alrededor del año 435 a.C., a finales del reinado de Artajerjes, hijo y sucesos de Jerjes.[16]

7-8. «*Y daban a beber en vasos de oro, y vasos diferentes unos de otros, y mucho vino real, de acuerdo con la generosidad del rey. Y la bebida era según esta ley: Que nadie fuese obligado a beber; porque así lo había mandado el rey a todos los mayordomos de su casa, que se hiciese la voluntad de cada uno.*»   La gran variedad en los vasos que se utilizaban para beber eran un lujo en Persia. Herodoto nos dice que cuando los griegos derrotaron a sus invasores persas, encontraron en su campamento «muchas tiendas ricamente adornadas con muebles de oro y plata, muchos divanes cubiertos por

16. Cp. Olmstead, p. 352.

platos de lo mismo y muchos cuencos dorados, copas y otros vasos para beber» (9:80). «*De acuerdo con la generosidad.*» La generosidad de Salomón queda expresada de manera similar (1.º R. 10:13). «*La bebida era según esta ley: Que nadie fuese obligado a beber*» (v. 8). Normalmente el rey hacía un brindis con sus invitados y bebían una cierta cantidad, pero luego podían beber tanto o tan poco como desearan. Herodoto informó que los persas «disfrutaban mucho del vino y lo bebían en grandes cantidades... era además norma de ellos el deliberar sobre asuntos de peso estando borrachos... aunque en algunas ocasiones, sin embargo, estaban sobrios durante la primera deliberación, pero en ese caso volvían a considerar el asunto bajo la influencia del vino» (1.133).

9-12. «*Asimismo la reina Vasti hizo banquete para las mujeres, en la casa real del rey Asuero. El séptimo día, estando el corazón del rey alegre del vino, mandó a Mehumán, Bizta, Harbona, Bigta, Abagta, Zetar y Carcas, siete eunucos que servían delante del rey Asuero, que trajesen a la reina Vasti a la presencia del rey con la corona regia, para mostrar a los pueblos y a los príncipes su belleza; porque era hermosa. Mas la reina Vasti no quiso comparecer a la orden del rey enviada por medio de los eunucos, y el rey se enojó mucho, y se encendió en ira.*» Durante el último día de la fiesta, el rey embriagado envió a sus siete eunucos (hebreo *sarîs*; cp. vv. 12, 15), que eran su medio de comunicación con el harén, a que buscasen a Vasti. Era costumbre que las reinas persas comiesen a la mesa del rey, pero no necesariamente cuando se trataba de un banquete. Probablemente, temiendo por su dignidad en medio de un grupo de borrachos (cp. Herodoto 5.18), se negó rotundamente a obedecer al llamamiento. Fue precisamente bajo circunstancias similares que una generación de la nobleza filistea había sido destruida (Jue. 16:25-30) y, más adelante, uno de los hijos de David perdió su vida (2.º S. 13:28).

Los críticos han afirmado con frecuencia que el libro de Ester no es históricamente exacto porque se presenta a Vasti como la reina, mientras que Herodoto identifica a la reina como Amestris (9.108-13). Pero J. Stafford Wright ha mostrado claramente un posible eslabón lingüístico entre el nombre persa Vasti y el nombre griego Amestris.[17] Sus conclusiones se han visto confirmadas y fortalecidas por William H. Shea.[18] Carey A. Moore, como es típico de él, deja totalmente de lado el asunto diciendo: «De hecho, la identidad de Vasti es de importancia vital solamente para aquellos eruditos actuales, tales como Johannes Schildenberger, que tienen un profundo interés apologético en la estricta veracidad histórica de Ester».[19] Véase mi discusión adicional en 2:16-18.

13. *«Preguntó entonces el rey a los sabios que conocían los tiempos (porque así acostumbraba el rey con todos los que sabían la ley y el derecho).»* Estos consejeros reales estaban profundamente familiarizados con las leyes y las costumbres persas, pero iban aún más allá porque «conocían los tiempos». Esto implica claramente que eran astrólogos y magos. Véanse mis comentarios sobre 3:7.

14. *«(Y estaban junto a él Carsena, Setar, Admata, Tarsis,Meres, Marsena y Menucán, siete príncipes de Persia y de Media, que veían la cara del rey y se sentaban los primeros del reino).»* Es posible que en Persia el número siete fuese un número sagrado (cp. Esd. 7:14; Est. 1:10; 2:9). Estos nombres, como los de los eunucos (v. 10) son innegablemente persas. Carey A. Moore admite que «la falta de evidencia en cuanto a una influencia griega en lo que a estos nombres se refiere es ciertamente significativa para fechar Ester».[20]

17. J. Stafford Wright, «The Historicity of Esther», en J. Barton Payne, ed., *New Perspectives on the Old Testament* (Waco, Texas: Word, 1970), pp. 40-42.
18. Shea, pp. 235-37.
19. Moore, p. 8.
20. *Ibid.*, p. 9.

En el año 458 a.C. (veinticinco años después de que Vasti fuese depuesta), Artajerjes decretó que Esdras fuese enviado a Jerusalén «de parte del rey y de sus siete consejeros» (Esd. 7:14); esto es evidentemente una referencia al mismo cuerpo oficial. Herodoto informó que Darío I destronó a Pseudo-Smerdis (522 a.C.) con la ayuda de siete conspiradores que fueron premiados con un especial acceso al rey. Es más, «el rey debía hacer juramento para casarse solamente con alguien de las familias de los conspiradores» (Herodoto 3:84). Muchos eruditos estarían de acuerdo con la opinión de Carey A. Moore en el sentido de que Ester no podría, por ello, haberse convertido en la reina de Jerjes porque «las reinas persas tenían que proceder de una de las siete familias nobles persas, costumbre que automáticamente hubiese descartado a una judía insignificante».[21]

J. Stafford Wright contesta de manera efectiva a esta objeción:

> Resulta lamentable que un comentador copie a otro sin comprobar los hechos por sí mismo. No cabe duda de que Darío se casó con otras esposas, además de la que procedía de entre los Siete (Herodoto III, 88); y su hijo Jerjes, que le sucedió, no era hijo de su esposa. Amestris, la esposa de Jerjes, era hija de Otanes, pero este Otanes era hijo de un cierto Sisamnes (Herodoto V, 25; VII, 61), mientras que Otanes, que era uno de los Siete, era el hijo de Farnaspes (Herodoto III, 67). Ctesias XIII, 51, dice además que era la hija de Onofas y él no era uno de los Siete.[22]

15. «*Les preguntó qué se había de hacer con la reina Vasti según la ley, por cuanto no había cumplido la orden del rey Asuero enviada por medio de los eunucos.*» El rey se mostró muy ansioso porque su venganza se llevase a cabo de manera legal para que pasado el tiempo no perdiese su efectividad.

---

21. *Ibid.*, p. xlvi.
22. Wright, pp. 38-39.

16. «*Y dijo Memucán delante del rey y de los príncipes: No solamente contra el rey ha pecado la reina Vasti, sino contra todos los príncipes, y contra todos los pueblos que hay en todas las provincias del rey Asuero.*» Memucán, uno de los siete príncipes, se aprovechó de la oportunidad para convertir el asunto de la familia real en una crisis pública y nacional, posiblemente debido a que con anterioridad se produjesen conflictos entre la reina y los príncipes. No solamente desafiarían las esposas de los ciudadanos corrientes a sus esposos (v. 17), sino que también lo harían las esposas de los siete príncipes incluso hasta «entonces» (v. 18) demandando igualdad por deseo de imitar a su reina.

17-18. «*Porque este hecho de la reina llegará a oídos de todas las mujeres, y ellas tendrán en poca estima a sus maridos, diciendo: El rey Asuero mandó traer delante de sí a la reina Vasti, y ella no vino, y entonces dirán esto las señoras de Persia y de Media que oigan el hecho de la reina, a todos los príncipes del rey; y habrá mucho menosprecio y enojo.*» Este es un testimonio fascinante tocante a la estricta estratificación social que se mantenía en la antigua Persia. Robert Gordis dice que «en el versículo 17, el término genérico *kol hannasîm* es utilizado, pero en el versículo 18 el término específico *sarôt paras ûmaday*». Por tanto, el término anterior «todas las mujeres» (a excepción de las de palacio), por ejemplo, la mayoría de las mujeres, mientras que la segunda frase significa «las señoras de la aristocracia»... esta estructura no es meramente literaria porque el desafío de Vasti al rey tuvo lugar durante el segundo banquete que era para «todo el pueblo» (v. 5). Sus esposas (v. 17) serían, por lo tanto, las primeras en enterarse y las esposas de la nobleza se enterarían del hecho poco después (v. 18).[23]

23. Robert Gordis, «Studies in the Esther Narrative», *Journal of Biblical Literature* 95, n.º 1 (marzo, 1976), p. 46.

19-21. *«Si parece bien al rey, salga un decreto real de vuestra majestad y se escriba entre las leyes de Persia y de Media, para que no sea quebrantado: Que Vasti no venga más delante del rey Asuero; y el rey haga reina a otra que sea mejor que ella. Y el decreto que dicte el rey será oído en todo su reino, aunque es grande, y a todas las mujeres darán honra a sus maridos, desde el mayor hasta el menor. Agradó esta palabra a los ojos del rey y de los príncipes, e hizo el rey conforme al dicho de Memucán.»* Esta apelación a la inmutabilidad de las leyes persas era al parecer para proteger a los príncipes de la venganza de Vasti, si alguna vez regresaba al poder. Para afirmaciones similares respecto al hecho de que las leyes no podían ser alteradas, compárese Ester 8:8 y Daniel 6:8, 12, 15. Carey A. Moore se encuentra entre los muchos críticos negativos que insisten en que «no hay evidencia en cuanto al hecho de que la ley persa fuese irrevocable... Ciertamente una ley así parece inflexible y paralizante para un buen gobierno y, por ello, improbable».[24] Incluso una erudita conservadora como lo es J. G. Baldwin puede afirmar que «no encontramos referencia extrabíblica de lo irrevocable de las leyes de los medas y persas», aunque ella continúa diciendo que a pesar de ello «tal doctrina concuerda con su orgullo nacional que podría perjudicarse al ser admitido que sus leyes podrían ser mejoradas».[25]

A la luz de esto, resulta sorprendente que los eruditos del Antiguo Testamento no hayan prestado más atención al incidente registrado por Diodoro Siculo (17:30) respecto a Darío III (335-331 a.C.), quien, enfurecido, condenó a muerte a un cierto Caridemo. Sin embargo, más adelante, «cuando la ira del rey se amainó, se arrepintió inmediatamente y se culpó a sí mismo por haber cometido tan tremendo error, pero... no era

---

24. Moore, p. 11.
25. J. G. Baldwin, «Ester», en Donald Guthrie y Alec Motyer, eds., *Nuevo Comentario Bíblico*: Revisado (El Paso: Casa Bautista de Publicaciones), p. 317.

posible deshacer ya lo que la autoridad real había ejecutado».[26]

(Griego, «*all' ou gar en dunaton to gegonos dia tes basilikes exousias ageneton kataskeuasai*»).[27] Si esto significa simplemente que ya no era posible traer a Carídemo de entre los muertos, sería, en palabras de J. Stafford Wright: «Una sentencia moralizadora y no mejoraría al añadir "la autoridad real".»[28] Es más, «el uso aquí del participio perfecto *(to gegonos)* y el adjetivo *(basilikes)* hace de la afirmación un comentario general sobre la ley persa»,[29] en lugar de ser tan sólo una experiencia personal de Darío III, especialmente cuando se hace referencia a la «ley de los persas» unas diez líneas más arriba. De este modo tenemos en un historiador, anterior al cristianismo, un testimonio bastante claro sobre la existencia de la clase de ley medo-persa a la que se hace referencia tanto en Daniel como en Ester.

Moore sugiere que la omisión del título «reina» delante de Vasti en el versículo 19 (en contraste con los anteriores) es probablemente intencionado.[30]

22a. «*Pues envió cartas a todas las provincias del rey, a cada provincia conforme a su escritura, y a cada pueblo conforme a su lenguaje.*» Esta afirmación, juntamente con otros comentarios similares sobre el sistema postal persa en 3:13 y 8:10, 14, constituye un testimonio de gran importancia respecto a la historicidad del libro de Ester. El antiguo historiador Herodoto de Halicarnaso (*c.* 484-425 a.C.), viajó por la parte occidental del Imperio Persa no mucho después del reinado de Jerjes, pudiendo describir, por ello, el magnífico sistema de comunicaciones:

> No hay nada mortal que viaje con la velocidad que lo hacen los mensajeros persas. El plan completo es una

---

26. Wright, pp. 39-40.
27. *Ibid.*, p. 39.
28. *Ibid.*, p. 40.
29. *Ibid.*
30. Moore, p. 11.

invención persa y he aquí el método que utilizan. A lo largo de todo el camino hay hombres (dicen) estacionados con caballos, en número igual al número de los días que ha de durar el viaje, permitiendo un hombre y un jinete por día y nada impedirá a estos hombres llevar a cabo, a la mejor velocidad que les permita la distancia que hayan de cubrir, ni la nieve ni la lluvia, ni el calor, ni la oscuridad de la noche. El primer jinete hace entrega de su despacho (mensaje) al segundo y éste se lo pasa al tercero y, de ese modo, va pasando de mano en mano, a lo largo de toda la línea, como la luz en la carrera de antorchas, que los griegos celebran a Ephaestus. Los persas dan este correo a caballo el nombre de *angareion* (8.98).

Richard T. Hallock cree que «pudo haber un cambio de montura en cada estación de abastecimiento, es decir, cada veinte millas (32 kilómetros) más o menos. El famoso «pony express» (1860-161), que iba, en los Estados Unidos, pasando de San José, en Missouri y Sacramento, en California, y que cubría unas 1.838 millas (2.957 kilómetros) en un mínimo de diez días, tenía postas que se encontraban de siete a veinte millas (once a treinta y dos kilómetros) de distancia».[31]

Se ha hecho una interesante luz arqueológica sobre este sistema: En el clima más seco y favorable de Egipto se ha encontrado una saca de cuero, evidentemente una reliquia del antiguo correo persa, que contenía diferentes pergaminos oficiales, sellados, escritos por los altos oficiales persas en la escritura e idioma de los antiguos papiros arameicos.»[32]

Pero a pesar de este antiguo «sistema del "pony express"», que era un medio de comunicación, se veía grandemente complicado por la enorme cantidad de lenguas que se hablaban por todo el imperio.[33]

---

31. Richard T. Hallock, *Persepolis Fortification Tablets* (Universidad de Chicago, 1969), p. 6, citado por Shea, p. 238.
32. R. A. Bowman, «Arameans, Aramaic, and the Bible», *Journal of Near Eastern Studies* 7, n.º 2 (abril, 1948), pp. 65-90.
33. Se pueden ver fotografías de los decretos reales de Jerjes en Persia, en Elam y en Babilonia en Benjamín Mazar, ed. *Illustrated World of the Bible Library* (Nueva York: McGraw Hill, 1961).

22b. «*Que todo hombre afirmase su autoridad en su casa; y que se publicase esto en la lengua de su pueblo.*» El significado es un tanto oscuro, pero al parecer significa que «el gobierno del esposo en la casa debía mostrarse por el hecho de que sería la única lengua nativa del cabeza de la casa y que toda la familia la utilizaría.» [34] Compárese la situación en Judea una generación después, donde las mujeres de Asdod determinaban la lengua que había que hablar en algunos hogares judíos (Neh. 13:23-24). El decreto podrá parecer extraño, en especial porque normalmente dominaba en el hogar en el antiguo Oriente Próximo, pero tanto la evidencia bíblica como la extrabíblica concuerdan en lo absurdo de algunas de las proclamaciones emitidas por Jerjes. El hecho de que el decreto resultase esencialmente imposible de hacerse obligatorio aparentemente no se le ocurrió a este monarca. Debemos de darnos cuenta de que alguna de la información anterior acerca del desafío de Vasti a su esposo pudo muy bien haber quedado incluida en la forma final de dicho decreto.

34. Keil, p. 332.

2

ESTER SE CONVIERTE EN REINA
(2:1-23)

CUANDO JERJES COMENZÓ de nuevo a echar de menos a Vasti, se propuso que se le encogiese una nueva reina de entre las mujeres más hermosas del país. Ester, una joven judía, que había sido criada por su primo mayor Mardoqueo, se encontraba entre las mujeres que fueron llevadas a la casa del rey. Jerjes la amó más que a ninguna otra y la escogió para que fuese su reina. Poco después, Mardoqueo descubrió un complot en contra del rey, asunto que le fue informado por medio de Ester, y los criminales fueron ejecutados.

1. «*Pasadas estas cosas, y sosegada la ira del rey Asuero, se acordó de Vasti y de lo que ella había hecho, y de la sentencia contra ella.*» Las palabras «se acordó» llevan implícito en este contexto el recuerdo afectuoso. Ester se convirtió en reina en diciembre del año 479 o en enero del 478 a.C. (2:16), y más de un año debió de haber transcurrido entre el decreto del 2:3 y su casamiento (cp. 2:12), de manera que el deseo del rey debió conocerse, en cuanto a Vasti, mientras aún se encontraba ocupado en su gran campaña contra Grecia (481-479 a.C.). Véanse mis comentarios sobre 1:3 y 2:16.

2-4. «*Y dijeron los criados del rey, sus cortesanos: Busquen para el rey jóvenes vírgenes de buen parecer; y ponga el rey personas en todas las provincias de su reino, que lleven a todas las jóvenes vírgenes de buen parecer a Susa, residencia real, a la casa de las mujeres, a cuidado de Hegai, eunuco del rey, guarda de las mujeres, y que les den sus atavíos; y la doncella que agrade a los ojos del rey, reine en lugar de Vasti. Esto agradó a los ojos del rey, y lo hizo así.*» Dándose cuenta de que el restaurar a Vasti en su puesto representaría una desgracia para ellos (véase mi nota sobre 1:19), los cortesanos (no los príncipes, sino los que atendían personalmente al rey Jerjes) hicieron una proposición muy atrevida. En lugar de tomar una esposa de entre las siete familias de los consejeros (véase mi nota sobre 1:14), debía escoger una nueva reina de entre las más hermosas vírgenes de todo el imperio. «Es fácil imaginar el horror causado por esta requisa entre las niñas, cuyo cruel destino era ser arrebatadas de sus hogares para ser recluidas durante su vida como concubinas del rey. ¡Qué condena para la hermosura!» [1]

«*A la casa de las mujeres, al cuidado de Hegai, eunuco del rey, guarda de las mujeres*» (v. 3). Compárense los versículos 8 y 15. Solamente los eunucos tenían acceso a «la casa de las mujeres» (v. 3). «*Y la doncella que agrade a los ojos del rey, reine en lugar de Vasti. Esto agradó a los ojos del rey, y lo hizo así*» (v. 4). El modismo hebreo "ser bueno a los ojos de" [traducido por "agrade" y "agradó" en nuestra Biblia] aparece en dos ocasiones en este versículo y debe, sin duda, ser traducido de manera diferente en cada caso. En este caso (4*b*) la proposición pareció «lógica» en lugar de «agradable», puesto que el rey reconoció que era un consejo político sensato lo que le sugerían: todo rey había de tener una reina. El hecho de que su casa de mujeres aumentase y se rejuveneciese era un incidente

---

1. J. G. Baldwin, «Ester», Donald Guthrie y Alec Motyer, eds. *Nuevo Comentario Bíblico* (El Paso: Casa Bautista de Publicaciones, 1977), p. 317.

muy grato, pero era al mismo tiempo el resultado de una necesidad política y social.»[2]

5-6. «*Había en Susa, residencia real, un varón judío cuyo nombre era Mardoqueo, hijo de Jair, hijo de Simei, hijo de Cis, del linaje de Benjamín; el cual había sido transportado de Jerusalén con los cautivos que fueron llevados con Jeconías, rey de Judá, a quien hizo transportar Nabucodonosor, rey de Babilonia.*» Carey A. Moore habla también a favor de la escuela de la crítica negativa en cuanto a que el primer nombre, Mardoqueo, está en lugar de Cis, e insistiendo, por lo tanto, en que el versículo 5 no es histórico.[3] Evidentemente, Mardoqueo no pudo ser exiliado de Jerusalén con el rey Jeconías (o Joaquín) en el año 597 a.C., para ser luego ascendido a primer ministro del Imperio Persa 123 años después, ¡en el 474 a.C.! Aquellos que se aferran a la historicidad del libro poco consuelo encontrarán en la aseveración hecha por Moore de que la genealogía «argumenta un tanto a favor de la historicidad de Mardoqueo» porque «de haber sido un personaje totalmente ficticio, el autor de Ester podría fácilmente haberle hecho descendiente directo de Saúl [en lugar de serlo de Cis, padre de Saúl], estableciendo, de ese modo, un perfecto paralelo con Amán, que era un descendiente de Agag».[4] Algunos escritores conservadores revelan también mucha confusión respecto a este punto.[5] El problema ha quedado resuelto de manera satisfactoria por J. Stafford Wright, que llega a la conclusión de que: «Si el pronombre relativo se aplica al último nombre en la genealogía (como en 2.º Cr. 22:9 y Esd. 2:61), era Cis, el bisabuelo de Mardoqueo, el que fue llevado con

2. Carey A. Moore, «Esther», *The Anchor Bible* (Garden City, N. Y.: Doubleday, 1971), pp. 18-19.
3. *Ibid.*, pp. 20, 26-27.
4. *Ibid.*, p. 19.
5. E. G. Baldwin, pp. 317 y C. F. Keil, *The Books of Ezra, Nehemiah and Esther*, trad. Sophia Taylor, *Biblical Commentary on the Old Testament* por C. F. Keil y F. Delitzsch (1973; reimpresión, Grand Rapids: Eerdmans, 1950), p. 336.

Joaquín. En Ester 2:5-6 hay tres pronombres relativos y cada uno de ellos se refiere al nombre que le precede de inmediato.» [6]

Mardoqueo (así como su prima Ester) era, por lo tanto, un descendiente directo de uno de los diez mil ciudadanos principales de Jerusalén, incluyendo a Ezequiel, a los que describió Jeremías como «higos buenos» (Jer. 24:5) en contraste con los «malos higos» que quedaron en Jerusalén con Sedequías. Solamente podemos hacer especulaciones en cuanto al modo en cómo llegaron Mardoqueo, o sus antepasados inmediatos, a la capital de Susa, que se encontraba a doscientas millas (322 kilómetros) al este de Babilonia. Allá por el año 722 a.C., Sargón de Asiria había deportado a cientos de miles de israelitas de Samaria a «las ciudades de los medas» (2.° R. 17:6). Es posible que algunos de estos israelitas, procedentes del norte, se encontrasen entre los judíos que vivían en Susa en los días de Mardoqueo y de Ester.

En un importante artículo, titulado «Mardoqueo, un problema histórico», Siegfried H. Horn ha hecho notar que mientras el nombre de Mardoqueo aparece cincuenta y ocho veces en los diez capítulos de Ester, ni él ni Amán aparecen mencionados en ningún otro documento antiguo como primeros ministros de Jerjes.[7] Los teólogos liberales se han sentido, por tanto, con plena libertad para desechar a Mardoqueo como personaje ficticio.

Aparte, incluso, de la poderosa ratificación de todo el canon judío por el Señor Jesucristo (cp. Mt. 5:18; Lc. 24:27, 44; Jn. 10:35), la mención del nombre de Mardoqueo en relación con la fiesta de Purim en el libro intertestamental de 2 Macabeos (15:36), y la confirma-

6. J. Stafford Wright, «The Historicity of Esther», J. Barton Payne, ed. *New Perspectives on the Old Testament* (Waco, Texas: Word, 1970), p. 38; cp. Gleason L. Archer, *A Survey of the Old Testament Introduction*, ed. rev. (Chicago: Moody, 1974), p. 419.

7. Siegfried H. Horn, «Mordecai, a Historical Problem», *Biblical Research 9* (1964), pp. 14-52.

ción de la observación universal judía de esta fiesta por Josefo (*Antigüedades* 11.6.13), debiera haber sido suficiente como para que aquellos que niegan la historicidad de Mardoqueo se andasen con cautela. Para una más amplia discusión de estos testimonios exteriores sobre la fiesta de Purim, véanse mis notas sobre 9:26. No resultaba algo fuera de lo normal el que los judíos de los tiempos de Mardoqueo tuviesen nombres babilonios y, por lo tanto, el hecho de que «Mardoqueo» proceda del nombre del dios babilónico *Marduc*, no es más problemático que el que Sesbasar (Esd. 1:8, 11; 5:14, 16) fuese nombrado según *Shamash*, el dios babilonio del sol. Véanse también mis comentarios sobre 2:7 concernientes a Hadasa-Ester.[8] Esdras (2:2) y Nehemías (7:7) mencionan a otro Mardoqueo como participante en el primer regreso a Jerusalén. Al igual que el apóstol Pablo, Mardoqueo era un descendiente de Benjamín, pero era conocido como judío (Est. 2:5, cp. Ro. 11:1; Gá. 2:15).

Pero ahora, en la providencia de Dios, han salido a la luz nuevas evidencias a favor de la historicidad de Mardoqueo. El catedrático A. Ungnad de Berlín publicó un artículo en 1941, en el cual hizo notar la definida posibilidad de que un cierto *Mardukâ*, mencionado en una tableta cuneiforme (Tableta Amherst n.º 258) como un importante oficial de la corte de Susa durante los primeros años de Jerjes (o los últimos años de Darío I), pudiera ser el Mardoqueo del libro de Ester.[9]

El *Mardukâ* de esa tableta aparece como el contable, plenamente fiable, del bien conocido sátrapa Ustannu de Babilonia y de la región que está má allá del río. «Ungnad enfatizó ya, en sus primeros artículos sobre esta cuestión, que "es improbable que existiesen dos Mardukâs en Susa como altos oficiales" durante ese tiempo, por cuyo motivo él "consideró muy probable

---

8. Para otros ejemplos, véase Horn, pp. 16-17, esp. n.º 13.
9. Arthur Ungnad, «Keilinschriftliche Beiträge zum Ezra und Esther», *Zeitschrift für die alttestamentliche Wissenschaft* 58 (1940-41), pp. 240-44 y 59 (1942-43), p. 219. Horn, p. 20; cp. Moore, p. 1 y Wright, p. 44.

que este texto fuese... la única mención extrabíblica de Mardoqueo".» [10]

En vista de esta evidencia epigráfica, Carey A. Moore puede, entonces, permitirse el «llegar a la conclusión de que la historia de Mardoqueo muy bien puede tener en ella un algo de verdad».[11] Pero esta actitud de extremo escepticismo parece ser más bien la excepción entre los eruditos actuales. Robert Gordis, por ejemplo, cree que el descubrimiento del nombre *Mardukâ* constituye «el más fuerte apoyo hasta el momento en cuanto al carácter histórico del libro» y que «esta identificación apoyaría la opinión presentada en base interna en cuanto al estudio de Mardoqueo, quien ocupó un puesto dentro del gobierno, una vez que Ester hubo ascendido al trono».[12]

7. «*Y había criado a Hadasa, es decir, Ester, hija de su tío, porque era huérfana; y la joven era de hermosa figura y de buen parecer. Cuando su padres y su madre murieron, Mardoqueo la adaptó como hija suya.*» Nos enteramos, gracias al versículo 15, de que el nombre del padre de Ester era Abihail (el tío de Mardoqueo). Imaginando, pues, que Cis fuese un hombre joven cuando fue deportado a Babilonia en el año 597 a.C., su hijo Simei pudo nacer alrededor del año 580 a.C. El hijo mayor de Simei, Jaír, pudo nacer sobre el año 550 a.C. y su hijo menor Abihail alrededor del año 545 a.C. Mardoqueo pudo haber sido concebido por Jaír alrededor del año 520 a.C. y la hija de Abihail, Ester, alrededor del 505 a.C., haciendo que Mardoqueo fuese unos quince años mayor que su prima, con lo cual Ester tendría unos veintiséis años cuando fue nombrada reina, en el año 479 o el 478 a.C.

---

10. Horn, p. 22.
11. Carey A. Moore, «Archaeology and the Book of Esther», *The Biblical Archaeologist 38*, n.º 3-4 (1975), p. 74.
12. Robert Gordis, *Megillat Esther* (Nueva York: Ktav, 1974), p. 6.

Cuando Daniel y sus tres amigos fueron llevados a Babilonia recibieron nombres oficiales, que eran babilónicos (Dn. 1:7). Del mismo modo, Ester tenía dos nombres, uno hebraico y el otro no hebraico, deriván-

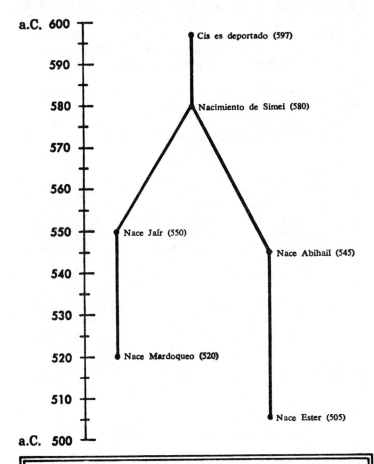

GENEALOGIA QUE VA DESDE CIS HASTA ESTER

dose este último o bien de la palabra persa *stâra*, que es «estrella» o de *Ishtar*, la diosa babilónica del amor.[13] En cuanto su nombre hebraico Hadasa, «la mayoría de los eruditos siguen los Targumes, que interpretan el significado como "mirto" (cp. Is. 41:19; 55:13; Zac. 1:8, 10, 11): "porque —dice el Targum II— del mismo modo que el mirto da su fragancia por todo el mundo, ella también esparcía sus buenas obras"».[14] Véase, además, el análisis del nombre de Mardoqueo en 2:5-6.

8-9. «*Sucedió, pues, que cuando se divulgó el mandamiento y decreto del rey, y habían reunido a muchas doncellas en Susa, residencia real, a cargo de Hegai, Ester también fue llevada a la casa del rey, al cuidado de Hegai, guarda de las mujeres. Y la doncella agradó a sus ojos, y halló gracia delante de él, por lo que hizo darle prontamente atavíos y alimentos, y le dio también siete doncellas especiales de la casa del rey; y la llevó con sus doncellas a lo mejor de la casa de las mujeres.*» No se menciona un número determinado de doncellas, pero pudo haber muchas. Por ejemplo, Josefo dice que fueron llevadas cuatrocientas vírgenes y, según Plutarco, el rey persa Artajerjes tuvo «trescientas sesenta concubinas, todas ellas mujeres de gran belleza» (*Artajerjes* XXVII.5).[15]

Los términos «residencia real» y «casa del rey» constituyen un paralelismo, y, por tanto, la palabra «palacio» o «casa del rey» tiene, en este caso, un significado más amplio que el de «casa del rey», según aparece en el versículo 13, con lo cual quiere decirse el lugar mismo donde habitaba el rey. No han quedado registrados en el relato los sentimientos personales de Ester en cuanto al asunto, pero no existe evidencia bíblica que demuestre que odiase el mero pensamiento de convertirse en la concubina o reina del pagado y corrupto Jer-

---

13. Moore, *Esther*, p. 20. Cp. A. S. Yahuda, «The Meaning of the Name Esther», *Journal of the Royal Asiatic Society*, 1946, pp. 174-178.
14. Moore, *Esther*, p. 20.
15. *Ibid.*, p. 21.

jes. Siglos después, tal vez alrededor del año 100 a.c., un escritor judío intentó describir a Ester como una mujer muy espiritual, poniendo en labios suyos la siguiente oración: «Vosotros lo sabéis todo; y sabéis que odio la ceremonia de los malvados y detesto el lecho de los incircuncisos y de cualquier extranjero.» [16] Esto demuestra, sencillamente, que el verdadero propósito del libro de Ester fue ya malentendido durante el período intertestamentario. Algunos encontrarían en la expresión «Ester también fue *llevada* a la casa del rey, al cuidado de Hegai» (v. 8) la idea de que esto aconteció en contra de su voluntad, pero el verbo que se utiliza en este caso *(lqh)* no sugiere «nada desagradable, ya que fue utilizado también por el autor en el versículo 15 para describir la manera en que Mardoqueo adoptó a Ester».[17]

«*Hizo darle prontamente atavíos y alimentos*» (v. 9). Debido al hecho de que Ester no dio a conocer su nacionalidad (cp. v. 10), no pudo rechazar aquellos alimentos ceremoniosos, que no eran limpios, tal y como lo hizo Daniel. Las implicaciones que tiene este hecho en lo que a la relación de Ester con Dios se refiere, con ese Dios de Israel y toda la comunidad teocrática, son un tanto significativas. Véase para ello la Introducción.

10-11. «*Ester no declaró cuál era su pueblo ni su parentela, porque Mardoqueo le había mandado que no lo declarase. Y cada día Mardoqueo se paseaba delante del patio de la casa de las mujeres, para saber cómo le iba a Ester, y cómo la trataban.*» No resulta fácil determinar por qué Mardoqueo le encargó a Ester que mantuviese en secreto su nacionalidad (cp. v. 20), aunque es posible que temiese por su seguridad (v. 11) o tal vez estuviese profundamente preocupado por el remanente de Israel, esparcido por todo el imperio, a la luz

16. *Ibid.*, p. 107.
17. *Ibid.*, p. 21.

de ciertos acontecimientos siniestros que había observado en el horizonte político, y tenía la esperanza de que, de algún modo, Ester pudiese desempeñar un importante papel, librando a su pueblo en la hora en que aquella crisis resultaría inevitable (cp. 4:14).

12-15. *«Y cuando llegaba el tiempo de cada una de las doncellas para venir al rey Asuero, después de haber estado doce meses conforme a la ley acerca de las mujeres, pues así se cumplía el tiempo de sus atavíos, esto es, seis meses con óleo de mirra y seis meses con perfumes aromáticos y afeites de mujeres, entonces la doncella venía así al rey. Todo lo que ella pedía se le daba, para venir ataviada con ello desde la casa de las mujeres hasta la casa del rey. Ella venía por la tarde, y a la mañana siguiente volvía a la casa segunda de las mujeres, al cargo de Saasgaz, eunuco del rey, guarda de las concubinas; no venía más al rey, salvo si el rey la quería y era llamada por nombre. Cuando le llegó a Ester, hija de Abihail, tío de Mordoqueo, quien la había tomado por hija, el tiempo de venir al rey, ninguna cosa procuró sino lo que dijo Hegai, eunuco del rey, guarda de las mujeres; y ganaba Ester el favor de todos los que le veían.»* Carey A. Moore ha concedido recientemente que la

interpretación de los datos arqueológicos continúan clarificando «detalles de hechos». Demostrando, por ejemplo, que algunos quemadores de «incienso», que han sido encontrados en Hureida, en Hadramaut y en Laquis y Gezer, en Israel, eran en realidad cosméticos usados normalmente con los quemadores. W. F. Albright mostró que la palabra hebrea *bbsmym* que aparece en Ester 2:12 significa en realidad «con un quemador de cosméticos» y no «con perfumes». Por lo tanto, deberíamos traducir ahora Ester 2:12b como («pues ese era el tiempo prescrito para su tratamiento: seis meses con aceite de mirra y otros seis meses perfumándose con otros perfumes indicados para mujeres»). Al igual que las mujeres árabes, semi-nómadas, del este del Sudán durante el último siglo, hace mucho, mucho tiempo, las mujeres como Ester se perfumaban a sí mismas, saturando su pelo, piel y poros con los perfumes procedentes de los quemadores de cosméticos.

Hay algo que está perfectamente claro y es que cuanto más aprendemos acerca del trasfondo y de los antecedentes sobre el relato de Ester, tanto más fascinante y emocionante resulta la historia misma, pues, ¡son tan, tan diferentes todas las cosas respecto al mundo que rodeaba a Ester en comparación con el mundo que nos rodea a nosotros! [18]

Estas palabras resultan tremendamente sorprendentes si tenemos en cuenta que proceden de un erudito que ha negado «la historicidad del relato de Ester».[19]

Después de todo un año de todas esas preparaciones, le llegaba el turno, a cada una de las doncellas, de presentarse ante el rey. Para esa visita podía tener cada doncella (¿o usar temporalmente?) cualquier adorno, joya o aderezo que desease. «A pesar de que estas muchachas disponían de todos los lujos y podían escoger cualquier adorno que realzase su belleza, regresaban de la presencia del rey a la casa donde se encontraban las concubinas, como si fuesen sencillos bienes personales, esperando el placer del rey, si es que alguna vez volvía a acordarse de ellas. Es fácil de comprender el que Mardoqueo hubiese deseado hacer que la vida de su hija adoptiva fuese lo más agradable posible.» [20]

«*Ninguna cosa procuró* [*Ester*] *sino lo que dijo Hegai*» (v. 15). El sentido común guió a Hegai, el eunuco encargado de las vírgenes y de Ester, a evitar la excesiva ornamentación que podría haber sido apropiada en el caso de otras mujeres menos hermosas. Ester poseía las cualidades naturales en su carácter y la belleza física, que había heredado de sus antepasados judíos; no fue necesariamente «el ser interior de la persona, en el incorruptible ornato de un espíritu manso y

---

18. Moore, «Archaeology and the Book of Esther», p. 78, cursiva mía. Elizabeth Achtemeier et al., *A Light unto my Path: Old Testament Studies in Honor of Jacob M. Myers,* ed. Howard N. Bream et al., *Gettysburg Theological Studies,* n.º 4 (Filadelfia: Temple University, 1974), pp. 25-32.

19. Moore, «Archaelogy and the Book of Esther», pp. 78-79.

20. Baldwin, p. 416.

apacible, que es de gran valor delante de Dios (1.ª P. 3:4) lo que hizo que ella, bajo la maravillosa providencia de Dios, ganase eu *favor de todos los que la veían* (Est. 2:15) y que incluso hallase *gracia y favor* de parte del poderoso Jerjes (v. 17).

16-17. *«Fue, pues, Ester llevada al rey Asuero a su casa real en el mes décimo, que es el mes de Tebet, en el año séptimo de su reinado. Y el rey amó a Ester más que a todas las otras mujeres, y halló ella gracia y benevolencia delante de él más que todas las demás vírgenes; y puso la corona real en su cabeza, y la hizo reina en lugar de Vasti.»* Ese fue el mes de diciembre del año 479 o el de enero del 478 a.C. Hace un siglo, C.F. Keil hizo notar la larga demora de cuatro años desde que Vasti, durante el tercer año del reinado de Jerjes, fue degradada (483 a.C.): «Un intervalo cuya duración no puede explicarse de manera adecuada por las afirmaciones hechas en el libro que tratamos.» [21]

Ester pudo muy bien haber sido hecha reina al cabo de los dos años, pero ese intervalo de cuatro años es exactamente lo que se precisaría para que Jerjes lanzara a uno de los más poderosos ejércitos del mundo antiguo en contra de los griegos, y que sufriese la terrible derrota en la tierra y en el mar. Véanse mis otros comentarios de 1:3 y 2:1. En cuanto al hecho de que Jerjes tomase como su reina a una mujer que no procedía de una de las siete familias persas más nobles, véanse mis argumentos de 1:14.

Quizás uno de los argumentos más populares en contra de la verdad histórica del libro de Ester, en el pensamiento de los eruditos de nuestros días, es el hecho de que la reina Ester no aparece en ningún otro documento histórico antiguo. Carey A. Moore, por ejemplo, es bastante dogmático sobre este punto: «La respuesta está clara, no solamente no hay evidencia que pruebe que existió de verdad, sino que existe una po-

21. Keil, p. 339.

derosa evidencia que favorece el que no existiese, puesto que la reina de Jerjes fue Amestris (también Herodoto III, 84).»[22]

Totalmente aparte de la autoridad divina de Cristo y Sus apóstoles tocante a la absoluta verdad de los escritos canónicos (véanse mis comentarios de 2:5 en cuanto a la identificación de Mardoqueo), la sorprendente exactitud del libro de Ester en la manera en que describe la vida y las costumbres de la corte de Jerjes debiera ganarle al libro una cierta medida de respeto por sus aseveraciones, incluso aunque no pudiesen ser, en su totalidad, confirmadas en todos sus puntos por medio de la evidencia arqueológica.

El profesor Moore mismo se da cuenta de la evidencia positiva a favor de la veracidad del libro. Dice:

> El autor de Ester dice mucho que está en consonancia con lo que sabemos acerca de Jerjes gracias a fuentes no bíblicas. Por ejemplo, el imperio de Jerjes se extendió, efectivamente, desde la India hasta Etiopía... y Jerjes tuvo un palacio de invierno en Susa (1:2), y la descripción del mismo no resulta incompatible con los detalles arquitectónicos que nos ofrece el 1:5-6. Jerjes era bien conocido por sus excesos en la bebida en sus banquetes (1:4-7) y sus extravagantes promesas y regalos (5:3, 6:6-7) y en ocasiones poseía también un mal genio de lo más desagradable e irracional (1:12, 7:7-8).
>
> Existe, además, el hecho de que el autor de Ester demuestra tener un conocimiento sobre ciertas características del gobierno persa, tal y como puedan ser los siete consejeros, que eran los príncipes (1:14) y el sistema postar, tan efectivo (3:13, 8:10); estando también familiarizado con ciertas prácticas de la vida del palacio persa, incluyendo el mostrarse reverentes para con los altos oficiales del rey (3:2) y el registrar y recompensar a los «benefactores» del rey (2:23, 6:8). El autor es también plenamente consciente de los diversos detalles referentes a las costumbres persas, entre ellos el que ahorcaran como forma de castigo capital (2:23, 5:14, 7:10); la celebración de días llamados de «la suerte» (3:7), el hecho de que los caballos reales llevaran una corona (6:8), el que se tuviese la costumbre de comer reclina-

22. Moore, «Achaeology and the Book of Esther», p. 73.

dos sobre los divanes (7:8) y el aderezo que se llevaba
sobre la cabeza, conocido como «turbante» (8:15). Y para
terminar, el autor usa una serie de nombres persas, incluyendo los siguientes: *partemîm*, «nobles», 1:3; *bîtan*,
«pabellón», 1:5; *karpas*, «algodón», 1:6; *dat*, «ley», 1:8;
keter, «turbante», 1:11; *pitgam*, «decreto», 1:20; *hasdarpe-
nîm*, «sátrapas», 3:12; *genazîm*, «tesorería», 3:9; *patse-
gen*, «copia», 3:14; *hasteranîm*, «caballos reales» 8:10...
    Pero si consideramos juntamente todos estos detalles
que hemos hecho destacar solamente ofrecen, como mucho, evidencias en cuanto al hecho de que el autor está
familiarizado con la historia, las costumbres y el vocabulario persa y no establecen la historicidad esencial de
todo el relato, especialmente debido a que hay cierta evidencia en contra.[23]

Los eruditos conservadores mostrarán su aprecio al
profesor Moore por su detallado análisis de los porme-
nores del libro de Ester. Pero al mismo tiempo se que-
darán asombrados por estar dispuestos a permitir que
unos pocos problemas, que aparentemente habían quedado sin resolver, descendiesen en el libro quedando al
nivel de «ciertas historias legendarias del antiguo Próximo Oriente, tales como *Las mil y una noches*».[24]

Pero esta depreciación tan radical del libro de Ester, debida al silencio extrabíblico sobre la propia Ester
y algún testimonio a favor de la existencia de una reina
diferente (Amestris, en Herodoto) nos mueve a compa-
rar la actitud de los críticos del libro de Daniel poco
antes del descubrimiento, en las tabletas cuneiformes,
de la existencia de Beltsasar como el final del facto del
rey de Babilonia.[25] ¿Se atrevería deliberadamente un autor que sabía tanto acerca del palacio de Susa, durante
los días de Jerjes, a inventar una reina que no había
existido, como uno de los personajes claves de la historia? ¿Habría aceptado como canónico la comunidad judía, a lo largo de todo el Imperio Medo-Persa, un libro
que se hallaba lleno de tan colosales errores históricos

    23. Moore, *Esther*, p. xli.
    24. *Ibid.*, p. xlvi.
    25. Véase, por ejemplo, John C. Whitcomb, *Darius the Mede* (Nutley, N. J.,
Presbyterian & Reformed Publishing, 1963), pp. 59-63.

cuando situaron entre los apócrifos tales obras como 1 Macabeos, Tobías y Judith? ¿Acaso los dirigentes judíos de aquellos tiempos no tenían al menos tanto conocimiento sobre sus gobernantes persas como los gentiles de ese mismo tiempo? El doctor Robert Dick Wilson, famoso por sus conocimientos sobre la historia y las lenguas del Próximo Oriente, afirmó en cierta ocasión: «En nombre de la erudición y por amor a la verdad y a la justicia, va siendo hora de poner al descubierto a aquellos que se las dan de poseer un conocimiento que en realidad no tienen, con el propósito de poner en duda la veracidad de un escritor antiguo, ya que ignoran las fuentes de información y el conocimiento de los hechos, ni tampoco no pueden comprender de ningún modo ni contradecir dichas afirmaciones.» [26]

Pero más allá de todas estas consideraciones básicas, J. Stafford Wright y William H. Shea [27] han estudiado con mayor detenimiento el texto del libro de Ester y los textos de Herodoto (*Guerras Persas*) y otros anales antiguos y han encontrado evidencias circunstanciales muy convincentes a favor del hecho de que Vasti fue destronada (= Amestris, véase mis comentarios sobre 1:9) y de la ascensión de otra mujer a la posición de reina, al menos durante los años 483-473 a.C., cuando tuvieron lugar los acontecimientos de nuestro libro.

Sobre la base de afirmaciones hechas por Ctesias, un antiguo historiador griego (13.51, 55), Wright llega a la conclusión de que «Artajerjes tenía dieciocho años cuando ascendió al trono en el año 465, así que debió nacer alrededor del 483, y la negativa de Amestris/Vasti a aparecer en Ester [1:12] puede muy bien haberse debido a que estaba en estado». Es más: «A Amestris/Vas-

---

26. Robert Dick Wilson, *Studies in the Book of Daniel: A Study of the Historical Questions* (Nueva York: Knickerbocker, 1917), p. 149.

27. William H. Shea, «Esther and History», *Andrews University Seminary Studies 14*, n.º 1 (primavera, 1976), pp. 227-46.

ti no le nacieron hijos después de aquel entonces cuando la Biblia dice que Ester se convirtió en reina.» [28]

William H. Shea ha contribuido, además, con una fascinante armonización de los sucesos registrados por Herodoto y de los que han quedado registrados en la Biblia concernientes a Vasti y a Ester. «Mientras se encontraba en Sardis, con su cuartel de invierno [en el año 480/479 a.C., siguiendo la derrota de sus fuerzas militares en Grecia], Jerjes cambió su interés por hacer la guerra por el de hacer el amor. Herodoto informa que mientras se encontraba allí se enamoró de la esposa de su hermano Masistes e intentó, sin éxito, tener una aventurilla con ella (IX, 109).» En vista del hecho de que Herodoto no menciona a Amestris (= Vasti) en este episodio, pero sí se refiere a ella en relación con los sucesos posteriores, acaecidos en Susa, parece probable que ella «se quedase en casa durante la campaña, mientras que las esposas de los personajes menos importantes fueran incluidas en el séquito real».[29] Su destitución como reina, según aparece en el capítulo 1 de Ester, muy bien puede haber sido el motivo de ello. Además, «considerando la violenta reacción de Amestris ante los flirteos de Jerjes a su regreso a Susa, la ausencia de semejante reacción por su parte en Sardis es significativa puesto que Jerjes dio pie a semejante provocación».[30]

«Las aventuras amorosas de Jerjes, que describe Herodoto, pueden muy bien haber sido algo más profundo que eso, si en realidad andaba buscando una esposa principal o reina en esa ocasión. Las atenciones que tuvo con estas mujeres, bajo semejantes circunstancias, podría también ser la explicación de la reacción tan violenta que tuvo Amestris hacia ellas. En lo que a Amestris se refiere la posición, más bien que el afecto, pudo haber sido el quid de la cuestión, ya que el harén real

---

28. Wright, p. 43.
29. Shea, p. 236.
30. *Ibid.*, p. 235.

probablemente no andaba exactamente escaso del elemento femenino.»[31]

El profesor Shea demuestra que «los diferentes factores involucrados en las referencias cronológicas [en Herodoto], permitieron que transcurriese el suficiente tiempo como para que su edicto llegase a Susa antes de que Ester diese comienzo a su período de preparación, considerando especialmente la velocidad con que el correo persa daba las nuevas».[32] Hay algo más, «es evidente que a Jerjes le quedaban por lo menos tres meses antes de su regreso a Susa, cuando Ester tuvo que ir ante su presencia, en algún momento, durante el décimo mes del año séptimo [Dic. 479 o Ene. 478 a.C.]».[33]

A finales del otoño del año 479 a.C., una vez que hubo regresado a Susa,

> una vez más Jerjes se vio involucrado en un romance, en esta ocasión con la *hija* de Masistes, Artaynte, en vez de la *esposa* del hermano. Según Herodoto, Jerjes tuvo más éxito en su aventura amorosa con la joven (que entre tanto se había convertido en su nuera) que con su madre (Herodoto IX, 107-111). Sin embargo, las cosas llegaron a su límite, cuando le prometió a Artaynte concederle el deseo de su corazón. Ella había escogido el manto de muchos colores de Jerjes, que Amestris había tejido para él con sus propias manos (actividad muy poco propia de una reina, ¿para congraciarse con él una vez más?) y Jerjes se lo dio a regañadientes, pero Amestris se vengó cuando llegó la hora de celebrar el cumpleaños del rey. En esa ocasión le pidió a Jerjes, con la astucia de una Salomé, que le diese a la esposa de Masiste, y según la costumbre de ese día él se vio obligado a concederle su deseo, con lo que Amestris no tardó en dar la orden de que la decapitasen. Como consecuencia de ello, Masistes intentó huir con el propósito de incitar una rebelión en contra de Jerjes, pero los hombres del rey le agarraron y le mataron antes de que pudiese llegar al destino que se había propuesto.[34]

---

31. *Ibid.*, p. 238.
32. *Ibid.*
33. *Ibid.*, p. 239.
34. *Ibid.*, p. 240.

El profesor Shea hace notar que Ester 1:19 («que Vasti no venga más delante del rey Asuero») no significa que el rey no fuese a verla nunca más. «Como modismo, podría parafrasearse de manera que significase que no podía aparecer ante Jerjes en su capacidad oficial nunca más [cp. 1:14].» A pesar de lo cual, cuando Jerjes regresó a Susa en el año 479 a.C., Vasti/Amestris todavía no había recobrado su posición de honor, que había perdido como reina porque «si Amestris continuaba siendo reina en esa época, ¿por qué era necesario que esperase a que le llegase la hora, hasta el cumpleaños del rey, a fin de aprovecharse de la oportunidad para vengarse de la familia de Masistes [Herodoto 9.110-111]? Si ella ocupaba aún su posición anterior, ¿hubiese sido necesario que se acercase al rey como una mendiga, en una ocasión de estado, para semejante propósito?» [35]

«La evidencia es indirecta, pero su ausencia de la corte de invierno, que se encontraba en Sardis, su intento por congraciarse con Jerjes una vez más, por medio del manto de muchos colores, su posición relativa en ese asunto, y sus celos violentos cuando se trataba de otras mujeres de la casa real, todo ello apunta en dirección a la idea de que su situación se había visto afectada de un modo u otro, y los sucesos del primer capítulo de Ester pueden darnos una explicación de esa alteración.» [36]

Herodoto pone punto final a la historia de Jerjes, justo cuando éste regresa a Susa, después de su campaña en Grecia. «Por lo cual resulta exagerado decir que Amestris era la reina de Jerjes entre su séptimo y doceavo año, puesto que no disponemos de más información acerca de ella hasta que su hijo Artajerjes I ocupó el trono de Persia... Este silencio permite, por lo menos, un lugar en la historia de Persia para Ester, aunque no

35. *Ibid.*, p. 241.
36. *Ibid.*, p. 242.

demuestra que lo ocupase.» [37] Las cuidadosas investigaciones de eruditos tales como J. Stafford Wright y William H. Shea han venido a demostrar, de este modo, la clara posibilidad de que la Vasti del libro de Ester fuese la misma Amestris mencionada por Herodoto y que esta reina, que era al mismo tiempo hermosa y cruel, perdiese su posición de gran prestigio durante el tercer año del reinado de Jerjes y que no la recuperase ni siquiera después de su regreso, durante el séptimo año de su reinado. Esto constituye una contribución de gran importancia para que nos sea posible apreciar la completa historicidad del libro de Ester.

18. «*Hizo luego el rey un gran banquete a todos sus príncipes y siervos, el banquete de Ester; y disminuyó tributos a las provincias, e hizo y dio mercedes conforme a la generosidad real.*» La palabra «disminuyó» (*hanahâ*), significa en hebreo, literalmente, «un motivo para descansar» y pudo muy bien referirse a una disminución de los impuestos o el librar del servicio militar o ambas cosas. «Quizá sea importante el que cuando el falso Emerdis ascendió al trono (522 a.C.), concediese a sus súbditos libertad en cuanto a los impuestos y al servicio militar por un período de tres años (Herodoto III, 67).» [38]

19a. «*Cuando las vírgenes eran reunidas la segunda vez.*» No se explica el motivo de esta segunda reunión, pero debemos recordar que Jerjes, al igual que le sucedía a Salomón, era un polígamo y estaba constantemente añadiendo mujeres a su harén. Sin embargo, Moore apela a los paralelos que ofrecen los Pergaminos del Mar Muerto que dicen «varias» en vez de «la segunda vez», dando, de ese modo la idea de «diversas

37. *Ibid.*, pp. 240-41. Cp. Moore, *Esther*, p. xlvi. Cp. también A. T. Olmstead, *History of the Persian Empire* (Chicago: University of Chicago, 1947), pp. 308, 312, donde se describen algunas de las crueldades de la «savaje reina-madre Amestris», durante el reinado de Artajerjes I.
38. Moore, *Esther*, p. 25.

vírgenes».[39] Robert Gordis sugiere que «el versículo se refiere a un segundo desfile de las contendientes que no tuvieron éxito, cuyos indudables atractivos sirvieron para destacar aún más la sorprendente belleza de Ester. Esta reunión de las vírgenes, antes de que fuesen enviadas a casa, tuvo lugar al final de las ceremonias que habrían de llevar a la nueva reina al trono».[40]

19b. «*Mardoqueo estaba sentado a la puerta del rey.*» Por todo el antiguo Próximo Oriente, «la puerta» era una estructura compleja y de grandes dimensiones, donde se resolvían los asuntos legales. Herodoto, por ejemplo, habló acerca de dos oficiales que se sentaron «a la puerta del palacio del rey» (3.120).[41] Esto sugiere que Mardoqueo acababa de ser nombrado, gracias a la influencia de Ester, para que fuese magistrado o juez, pues, al parecer, «la puerta del rey» era el lugar acostumbrado de reunión de los oficiales persas. «Resulta ahora claro que 2:20 no es una mera repetición, ni un eco de 2:10. A pesar de que Ester había sido un instrumento en el hecho de que Mardoqueo fuese llamado a un puesto gubernamental y fuese conocido como judío, ella continuó manteniendo su origen judío en secreto, tal y como le había mandado Mardoqueo. Es evidente que el papel que ella representó en su nombramiento no indicó *ipso facto* que la reina misma fuese judía. La posición oficial de Mardoqueo es también de importancia directa en cuanto al complot para asesinar al rey, porque ello facilita el que llegase a oír, por casualidad, la conspiración que urdían los cortesanos Bigtán y Teres (v. 21).»[42]

39. *Ibid.*, p. 30.
40. Robert Gordis, «Studies in the Esther Narrative», *Journal of Biblical Literature 95*, n.º 1 (marzo, 1976), p. 47.
41. Véase la figura 203 en Roman Ghirshman, *The Arts of Ancient Iran* (Nueva York: Golden, 1964), vuelto a imprimir en *Biblical Archaeologist 38*, n.º 3-4 (1975), p. 75. Véase también S. Barabas, «Gate», en Merrill C. Tenney, ed. *The Zondervan Pictorial Encyclopedia of the Bible*, 5 tomos (Grand Rapids: Zondervan, 1975), 2:655-57.
42. Gordis, «Studies in the Esther Narrative», p. 48.

20. «*Y Ester, según le había mandado Mardoqueo, no había declarado su nación ni su pueblo, porque Ester hacía lo que decía Mardoqueo, como cuando él la educaba.*» Véanse mis comentarios sobre los versículos 10 y 11 y la Introducción.

21-22. «*En aquellos días, estando Mardoqueo sentado a la puerta del rey, se enojaron Bigtán y Teres, dos eunucos del rey, de la guardia de la puerta, y procuraban poner mano en el rey Asuero. Cuando Mardoqueo entendió esto, lo denunció a la reina Ester, y Ester lo dijo al rey en nombre de Mardoqueo.*» Bigtán y Teres, los oficiales que de otro modo hubiesen sido desconocidos, probablemente «vigilaban la vivienda privada del rey (Herodoto III, 77, 118)».[43] Se ha especulado que estos hombres buscaban vengarse por la deposición de Vasti. Jerjes logró escapar a este plan determinado, pero catorce años después se convirtió en la víctima de otro atentado dentro de su propio palacio.[44] De manera providencial, Mardoqueo fue el que descubrió el complot y el que dio parte del mismo, porque los anales de su buena obra quedaron escritos en las crónicas reales y más adelante le sirvió para llegar a un cargo de importancia (6:1-3). Jerjes se sentía profundamente preocupado porque se honrase la lealtad a su trono. De hecho, Herodoto nos informa de que, durante el curso de una batalla, «cuando veía a cualquiera de sus capitanes realizar alguna hazaña digna, preguntaba acerca del hombre que la había realizado y su nombre era escrito por los escribas, junto con los nombres de su padre y de su ciudad» (8.90).

23. «*Se hizo investigación del asunto, y fue hallado cierto; por tanto, los dos eunucos fueron colgados en una horca. Y fue escrito el caso en el libro de las crónicas del rey.*» Compárese con la suerte que corrió Amán (7:10; cp. también 5:14).

---

43. Moore, *Esther*, p. 31.
44. Olstead, p. 289.

3

AMAN PLANEA LA DESTRUCCION DE ISRAEL

(3:1-15)

Mardoqueo se negó a inclinarse ante Amán, al que Jerjes había elevado a la segunda posición del reino, y por consiguiente la ira de Amán se desencadenó sobre Mardoqueo y su nación. Por medio de la suerte *(Pur)* fue determinado el día fatídico para la destrucción de Israel, y Amán prometió al rey toda la propiedad confiscada. Después Amán anunció el día de la destrucción de Israel en cartas, a nombre del rey, enviadas a todo el imperio.

1. *«Después de estas cosas, el rey Asuero engrandeció a Amán hijo de Hamedata agagueo, y lo honró, y puso su silla sobre todos los príncipes que estaban con él.»* Los siniestros sucesos de este capítulo sucedieron más de cuatro años después de que Ester se convirtiese en reina (cp. 2:16; 3:7). Por entonces Amán, el agagueo, se había convertido en el cortesano favorito del rey. El hecho de que aquí se le presente como un «agagueo» ha motivado que muchos eruditos actuales pongan en duda la historicidad del relato, pues parece un tanto improbable que un descendiente de un rey amalecita, ejecutado por Samuel en Palestina, casi medio milenio antes (1.º S. 15:8; cp. Nm. 24:7) pudiera aparecer aquí como un oficial persa. Hace un siglo

C.F. Keil advirtió que «el nombre Agag no es suficiente para este propósito [de identificación], debido a que muchos individuos, durante diferentes épocas, llevaron el nombre de Agag, por ejemplo, el fiero».[1] Pero el problema había quedado ya resuelto cuando Jules Oppert publicó una inscripción de los tiempos de Sargón de Asiria (c. 725 a.C.) que menciona Agag como un lugar de Media (que más adelante se incorporó al Imperio Persa).[2] «A la vista de esta evidencia, parece como si Amán hubiese sido nativo de esta provincia (en lugar de haber sido un descendiente del rey Agag, el amalecita, como suponía la antigua tradición judía).»[3]

2. «*Y todos los siervos del rey que estaban a la puerta del rey se arrodillaban y se inclinaban ante Amán, porque así lo ha mandado el rey pero Mardoqueo ni se arrodillaba ni se humillaba.*» El texto no deja totalmente claro el porqué Mardoqueo se negó a arrodillarse ante Amán. A pesar de que era judío y por entonces había confesado este hecho a los sirvientes del rey (3:4), debemos recordar que «la costumbre de arrodillarse ante un personaje de elevado rango, y especialmente ante un rey, era cosa normal entre los israelitas; cp. 2.º S. 14:4, 18:28, 1.º R. 1:16».[4]

Alrededor del año 100 a.C. los judíos alejandrinos, posiblemente en un esfuerzo por defender la espiritualidad de Mardoqueo (véase la Introducción), dijeron que había pronunciado la siguiente oración: «Tú sabes todas las cosas, Señor, tú sabes que no fue ni por insolencia, ni por arrogancia, ni por vanidad, el que no me arrodillase ante el arrogante Amán, pues hubiese estado perfectamente dispuesto a besar las plantas de

1. C. F. Keil, *The Books of Ezra, Nehemiah and Esther*, trad. Sophia Taylor, *Biblical Commentary on the Old Testament*, por C. F. Keil y F. Delitzsch (1873; reimpresión, Grand Rapids: Eerdmans, 1950), p. 343.
2. Jules Oppert, *Les Inscriptions Assyriennes des Sargonides et Les Fastes Ninive* (Versailles: 1862), p. 25.
3. Gleason L. Archer, *A Survey of Old Testament Introduction*, ed. rev. (Chicago: Moody Press, 1974), p. 421.
4. Keil, p. 343.

sus pies por amor de Israel, pero lo hice a fin de no poner la gloria de un hombre por encima de la gloria de Dios.»[5] En apoyo de esta interpretación, tenemos una descripción de Herodoto de dos heraldos, procedentes de Esparta, que llegaron al palacio de Jerjes: «Cuando llegaron a Susa y se encontraron ante la presencia del rey, al ordenarles los guardas que se arrodillasen y honrasen al rey, llegando incluso a hacer uso de la fuerza, se negaron, y dijeron que jamás harían semejante cosa, aunque por ello fuesen decapitados, pues no era su costumbre adorar a los hombres, y no habían ido hasta Persia con ese propósito» (7:136).

Por otro lado, Mardoqueo casi había hecho necesario que Ester mostrase ese respeto (¿en contradicción a lo que se dice en Ex. 20:5?) al insistir en que no descubriese su identidad nacional (Est. 2:20). Es más, parece probable que el propio Mardoqueo, cuando ocupó el lugar de Amán, que había sido el favorito del rey, un año después (8:2) considerase que se esperaba de él que se arrodillase ante el rey, sin tener en cuenta el significado religioso que algunos pudiesen atribuir a semejante acto. Aunque escritores posteriores han afirmado que «los reyes persas asumían los honores divinos... no se encuentra semejante afirmación por parte de los reyes en los monumentos persas».[6] Daniel no tuvo problema alguno a la hora de decirle a Darío el Medo: «¡Oh rey, vive para siempre!» (Dn. 6:21; cp. Neh. 2:3 respecto al tributo que Nehemías dio a Artajerjes). Es preferible, por tanto, que lleguemos a la conclusión de que los actos de Mardoqueo eran «una expresión del espíritu nacional judío y de orgullo en lugar de ser un acto de adhesión a Exodo 20:5».[7] Para un análisis sobre el carácter de Mardoqueo, véase la Introducción.

---

5. Carey A. Moore, «Esther», *The Anchor Bible* (Garden City, N. Y.: Doubleday, 1971), p. 106. O véase Lewis B. Paton, «Esther», *International Critical Commentary* (Nueva York: Scribner, 1908), p. 228.

6. Paton, p. 196.

7. Moore, p. 36.

3. «*Y los siervos del rey que estaban a la puerta preguntaron a Mardoqueo: ¿Por qué traspasas el mandamiento del rey?*» ¿Les preocupaba de verdad a los sirvientes la seguridad de Mardoqueo, y bromeando con él de manera amigable, se mostraban sencillamente curiosos, o estaban resentidos por su actitud de «superioridad» sobre Amán? El Texto Masorético no lo explica.» [8]

4. «*Aconteció que hablándole cada día de esta manera, y no escuchándolos él, lo denunciaron a Amán, para ver si Mardoqueo se mantendría firme en su dicho; porque ya él les había declarado que era judío.*» Hasta cierto punto esto revela un espíritu valeroso, porque Mardoqueo debió, sin duda, saber que eso podría causarle problemas, no sólo a él, sino a su pueblo, pero su declaración difícilmente podía haber haber sido debida a una motivación religiosa (en el más estricto sentido de la palabra) o, de lo contrario, no hubiese esperado hasta ese momento, ni hubiera insistido en que Ester ocultase su religión, ya que no se puede honrar a Dios por medio de un «testimonio silencioso». Pero el verdadero asunto consiste en ver si Mardoqueo había sido hasta ese momento un «testigo silencioso» de Jehová y si, a partir de entonces, fue un «testigo abierto» (véase la Introducción).

5-6. «*Y vio Amán que Mardoqueo ni se arrodillaba ni se humillaba delante de él; y se llenó de ira. Pero tuvo en poco poner mano en Mardoqueo solamente, pues ya le habían declarado cuál era el pueblo de Mardoqueo; y procuró Amán destruir a todos los judíos que había en el reino de Asuero, al pueblo de Mardoqueo.*» Cuando Amán se enfrentó con la obstinada negativa de Mardoqueo a arrodillarse ante él (v. 5) y descubrió que la excusa de Mardoqueo era que era judío, se propuso destruirle a él (hebreo, *lehasmîd*, término que aparece a lo largo de todo el libro en veinticinco ocasiones) y a

---

8. Moore, p. 37.

todos los judíos del imperio. ¿Fue la decisión tomada por Amán motivada puramente por venganza personal?

No cabe duda de que los terribles pogroms (en ruso = «devastación») en contra de los judíos en Rusia y en la Alemania nazista estuvieron motivados por una serie de razones conscientes e inconscientes. A los hombres no les ha faltado nunca la capacidad para engañarse, incluso a sí mismos, y para encontrar «buenos» motivos para realizar acciones malignas. A pesar de que la destrucción iba a ser demoledora (cp. el v. 13), no fue única. Incluso durante la antigüedad, sin el apoyo terrible de la eficacia tecnológica del siglo XX, era posible esa matanza tan absoluta. Los persas, sedientos de sangre, llevaron a cabo masacres en contra de los escitas (Herodoto I.106) y en contra de Magi cuando Darío I ascendió al trono (III.79). Y como ha dicho Ringgren (p. 129), Cicerón acusó a Mitrídates de Ponto de haber matado entre 80.000 y 150.000 romanos en un solo día en el año 90 a.C. (*Oratio de lege Manilia* III.7). Durante nuestro propio siglo Hitler casi tuvo éxito allá donde fracasó Amán.[9]

Pero debemos, por encima de todo esto, ver y discernir, como en el prólogo del libro de Job, el juego cósmico entre las maquinaciones de Satanás y los propósitos misteriosos y llenos de gracia de nuestro Dios soberano. Podemos estar seguros de que Janes y Jambres no se opusieron a Moisés por su propia fortaleza humana (Ex. 7:11; 2.ª Ti. 3:8). Siglos más tarde fue Satanás (en hebreo, *el adversario* o *el acusador*) el que «se levantó contra Israel e incitó a David a que hiciese censo de Israel» (1.º Cr. 21:1) y, como resultado de ello, se produjo la muerte de 70.000 hombres de Israel. Y tan sólo una generación antes de los tiempos de Ester, el profeta Zacarías vio, en una visión, a «Josué, el cual estaba delante del ángel de Jehová, y Satanás estaba a su mano derecha para acusarle» (Zac. 3:1). Está, por tanto, perfectamente claro que la titánica lucha a muerte del libro de Ester no puede entenderse si dejamos a un lado los propósitos satánicos respecto a Israel que re-

---

9. *Ibid.*, p. 43.

vela el contexto general de la Escritura (cp. 10:18 —
11:1; Ef. 6:12).

7. «*En el mes primero, que es el mes de Misán, en
el año duodécimo del rey Asuero, fue echada Pur, esto
es, la suerte, delante de Amán, suerte para cada día y
cada mes del año; y salió el mes duodécimo, que es el
mes de Adar.*» «De manera consistente, cosa que es
habitual en el autor, explica, como lo hace en otros
lugares, las palabras y las costumbres extranjeras...
que utiliza muy bien aquí, tratándose en este caso de
la palabra hebrea *gôral*, "suerte" (Is. 34:17; Neh. 10:35;
1.º Cr. 26:14; Sal. 22:19; Jonas 1:7; Pr. 18:18) para explicar la palabra extranjera *pûr*».[10] En un artículo posterior acerca de «La arqueología y el libro de Ester»,
Moore afirma: «Está claro que la palabra *pûr* en Ester 3:7 y 9:24 representa la palabra babilónica *püru*,
que significa "echar suerte" y en segundo lugar "destino" (J. Lewy, *Revue Hittite et Asianique*, 5 [1939], 117-
24).»[11] Leon J. Wood hace notar el hecho interesante de
que «M. Dieulafoy, que estuvo realizando excavaciones
en Susa [1880-90], descubrió el prisma cuadrangular
que tiene los números uno, dos, cinco y seis grabado en
los lados. Sin duda ésta fue la clase de dado utilizado
en esta determinación».[12]

Amán hizo que los astrólogos y los magos echasen
suertes de tal modo que en el transcurso de un solo día
de echar suertes (¿quizá sobre un calendario más amplio?) se pudiese saber exactamente qué día del año era
más propicio para la destrucción de Israel. Aunque el
texto designa sencillamente «*el mes primero, que es el
mes de Sisán*», como la época durante la cual fue echada la suerte, es muy posible que eso sucediese durante
el primer día de ese mes, que tenía una especial im-

---

10. *Ibid.*, p. 38.
11. Carey A. Moore, «Achaeology and the Book of Esther», *The Biblical
Archaelogist 38*, n.º 3-4 (1975), p. 76.
12. Leon J. Wood, *A Survey of Israel's History* (Grand Rapids: Zondervan,
1970), p. 409.

portancia religiosa. «El comienzo del Nuevo Año era un momento especialmente apropiado para que Amán recurriese a la adivinación porque, según la religión babilónica, durante ese período los dioses también se reúnen para determinar el destino de los hombres.»[13]

El resultado final es confirmado una vez más por la seguridad que Dios da a Su pueblo, con el cual ha establecido un pacto, «las suertes se echan en el regazo; mas de Jehová es la decisión de ellas» (Pr. 16:33). La soberana providencia de Dios fue particularmente evidente en este caso porque, al echar suertes los astrólogos y magos respecto al día apropiado del año, cayó sobre el día trece del mes duodécimo y último, permitiendo tiempo de sobra para que el complot tramado por Amán pudiese ser derrotado y se emitiese un decreto en contra. El catedrático L. H. Brockington, de la Universidad de Oxford, se burla de toda la idea: «¿Quién planearía un ataque vengativo contra los residentes judíos y luego dejaría transcurrir once meses antes de ponerlo en práctica? O, cuando cambiasen los papeles, ¿quién contaría con que los judíos esperasen pacientemente hasta el trece del mes de Adar?»[14] La respuesta es que las actitudes británicas y americanas no pueden, de manera automática, adaptarse al antiguo Próximo Oriente, donde era impensable ignorar las directrices de la astrología, fuese al precio que fuese. Por tanto, la gran decisión que tomó Nabucodonosor en cuanto a atacar Jerusalén en el año 588 a.C. fue determinada de varias formas por medio de la adivinación (Ez. 21:21), incluyendo la hepatoscopia, que consiste en examinar el hígado de una oveja que ha sido sacrificada con el propósito de practicar la adivinación.[15]

---

13. Moore, *Esther*, p. 38.

14. L. H. Brockington, *Ezra, Nehemiah, and Esther*, «The Century Bible» (Londres: Nelson, 1969), p. 217.

15. Véase J. S. Wright y K. A. Kitchen, «Magic and Sorcery», en J. D. Douglas, ed., *The New Bible Dictionary* (Londres: Inter-Varsity, 1962), páginas 766-71.

8a. «Y dijo Amán al rey Asuero: Hay un pueblo esparcido y distribuido entre los pueblos en todas las provincias de tu reino, y sus leyes son diferentes de las de todo pueblo.» La traducción que hace Moore es «esparcido y no asimilado» y hace notar que «el primer participio se refiere a los judíos que habían quedado esparcidos por las ciento veintisiete provincias del imperio, mientras que el segundo participio se refiere a esa separación que ellos mismos se habían impuesto, o a esa exclusividad, como una práctica que les ayudaba a preservar su identidad religiosa y étnica».[16] Lo que hace que las leyes morales, civiles y ceremoniosas de Israel sean únicas es algo que ha causado ofensa a importantes elementos del mundo gentil. Por ello, Balaam dio, de mala gana, testimonio de que eran «un pueblo que habitará confiado, y no será contado entre las naciones» (Nm. 23:9). Moisés preguntó a su pueblo: «¿Qué nación grande hay que tenga estatutos y juicios justos como es toda esta ley que yo pongo hoy delante de vosotros?» (Dt. 4:8; cp. 32:31). Es posible que Amán no llegase a mencionar aquella subcultura, de la que estaba hablando mal, por temor a que Jerjes recordase los decretos que existían a favor de los judíos y que habían sido establecidos por Ciro y Darío Histaspes (Esd. 1:1-4; 6:3-5; 6:8-12). Fuese por el motivo que fuese, «al omitir astutamente el nombre del pueblo de que se trataba, el propio Amán, inconscientemente, preparó el escenario para la inesperada oposición de Ester y su victoria sobre él».[17]

8b. «Y guardan las leyes del rey, y al rey nada le beneficia el dejarlos vivir.» El mero hecho de que los judíos poseyesen unas costumbres que eran únicas no podía haber sido una causa adecuada para su destrucción, puesto que el Imperio Persa era una verdadera mezcolanza de diversidad cultural, cosa que sabía Amán y por eso le fue imprescindible dar una representación

---

16. Moore, *Esther*, p. 39.
17. *Ibid.*, p. 38.

falsa de los judíos como un elemento rebelde y peligroso dentro del imperio. El mismo Cristo recibió acusaciones similares (cp. Lc. 23:2) y lo mismo les sucedió a los cristianos primitivos (Hch. 16:20-21; 24:5). Fue en anticipación a este mismo peligro que Dios guió a Jeremías para que advirtiese a los judíos que habían sido exilados a Babilonia: «Y procurad la paz de la ciudad a la cual os hice transportar, y rogad por ella a Jehová; porque en su paz tendréis vosotros paz» (Jer. 29:7). Es verdad que los judíos se negaban a adorar a simples criaturas (cp. Dn. 3:22; 6:10), pero decir que no obedecían «las leyes del rey» era una perversión diabólica de los hechos por amor a la ganancia personal.

9. «*Si place al rey, decrete que sean destruidos; y yo pesaré diez mil talentos de plata a los que manejan la hacienda, para que sean traídos a los tesoros del rey.*» Aprovechándose, además, de la avaricia del rey, Amán se ofreció a pagar una fuerte cantidad de dinero que iría a parar al tesoro real. No cabe duda de que Amán era un hombre muy rico (véase Herodoto 1.192 en cuanto a la riqueza de un gobernador persa). Sin embargo, diez mil talentos no dejaba de ser una suma fabulosa, equivalente a dos tercios de los ingresos anuales de todo el imperio (cp. Herodoto 3:95). El versículo 13 implica que las posesiones de los judíos habían de ser confiscadas por sus conciudadanos gentiles, pero podemos estar seguros de que Amán tenía planes efectivos para obtener la mayor parte de su riqueza.

A pesar de que los judíos eran, como es natural, tremendamente pobres al ser deportados a Babilonia por Nabucodonosor durante los años 597 y 586 a.C., resulta altamente significativo que muchos pudieran dar con generosidad a sus hermanos que regresaban a Palestina, bajo Zorobabel en el año 537 a.C. (Esd. 1:4). De hecho, debió ser precisamente su creciente prosperidad lo que evitó que la gran mayoría de los que vivían en Babilonia, en el exilio, regresasen a la desolación de su tierra natal.

Si la prosperidad material de los judíos iba aumentando durante el principio del período acaeménido (empezando en el año 539 a.C., con la caída de Babilonia al poder de Ciro), debió de acelerarse rápidamente durante los últimos años del reinado de Jerjes (que murió en el año 465 a.C.). Es de gran significado, en relación con esto, el descubrimiento (en el año 1893) de un archivo de Nipur, Hijos de Murashû (una empresa bancaria de gran riqueza), que consistía en 730 tabletas del período inmediatamente posterior al reinado de Jerjes. «Desde su descubrimiento, estos textos se han ganado el interés de los eruditos bíblicos debido a que en ellos aparecen más de un centenar de nombres judíos entre los clientes y amigos negociantes de la empresa Hijos de Murashû. Los judíos... aparecen como partes contratantes, como oficiales, como sirvientes y como testigos. No solamente se les encuentra en gran número, sino que tratan con mercancías y dinero en grandes cantidades y ocupan puestos de suma responsabilidad en sus respectivas comunidades, encontrándoseles incluso como recaudadores de la renta y de los impuestos y como oficiales reales.» [18] Es más, uno de los deudores nombrados en estas tabletas debía a los hijos de Murashû, para la siguiente recolección, la enorme cantidad de 24.500 fanegas de dátiles, y de estas cuatro personas, dos eran judías (Zabdia y Beletir, hijos de Barikkiel). [19]

El gran cambio que tuvo lugar en la situación económica, social y política de los judíos durante los tiempos de Jerjes, según indican las tabletas de Murashû, lleva al profesor Horn a decir:

> Uno se siente realmente tentado a ver en el puesto que ocupó Mardoqueo la causa de este cambio, porque el libro de Ester no solamente le atribuye a él «poder y

18. Siegfried H. Horn, «Mordecai, a Historical Problem», *Biblical Research 9* (1964), p. 23.

19. Para una discusión más reciente sobre estas tabletas, con un análisis especial de los nombres judíos, véase Michael D. Coogan, «Life in the Diaspora», *Biblical Archaelogist 37*, n.º 1 (1974), pp. 6-12.

autoridad» en el ámbito persa, sino una gran popularidad entre los propios judíos, afirmando él «procuró el bienestar de su pueblo» (10:2-3). Si esta explicación resulta inaceptable o incorrecta, debemos buscar otra causa que explique el modo en que los judíos, que hasta hacía poco habían vivido en cautividad y esclavitud, de repente experimentasen un cambio tan extraordinario en su situación social y económica en Babilonia, pero no en Egipto... Comoquiera que no se conocen más sucesos de ese período que pudiesen haber sido responsables de este cambio, es perfectamente natural ver en los relatos del libro de Ester algo más que una ficción y no el resultado de la mente fértil de un novelista judío del período de los Macabeos.[20]

10.   «*Entonces el rey quitó el anillo de su mano, y lo dio a Amán, hijo de Hamedata agagueo, enemigo de los judíos.*»   En aquellos tiempos ese tipo de anillo era de suma importancia porque equivalía a la firma de la persona.[21] Más adelante, Jerjes dio su anillo a Mardoqueo, el judío (8:2, 8, 10), de la misma manera que Faraón había dado su anillo a uno de los primeros israelitas que, de igual manera, se encontraba en una corte extranjera (Gn. 41:42). Pero en este caso, el auténtico carácter de Jerjes puede juzgarse por el hecho de que ¡ni siquiera se molestó en preguntar cuál era la nación que estaba a punto de ser destruida! El *enemigo de los judíos:* A la vista de Génesis 12:3 éste es un título siniestramente descriptivo y se repite en Ester 8:1; 9:10, 24 (cp. también 7:6).

11.   «*Y le dijo: La plata que ofreces sea para ti, y asimismo el pueblo, para que hagas de él lo que bien te pareciere.*»   Jerjes era capaz de una gran generosidad (véase Herodoto 7:28). Moore sugiere, sin embargo, que lo cierto es que aceptó el dinero, pero no sin una protesta inicial como en el caso de Efrón a Abraham (Gn. 23:7-18). «La traducción griega de 3:11 "¡sea para ti!" se asemeja mucho a la etapa inicial en el típico regateo

20. Horn, pp. 24-25.
21. Véanse diferentes artículos del diccionario bíblico, bajo «sello».

del Próximo Oriente... Mardoqueo afirma, a propósito, en 4:7, que el dinero iría a parar al tesoro del rey, y la palabra usada por Ester "vendidos" en 7:4 sin duda sugiere lo mismo.» [22]

12. «*Entonces fueron llamados los escribanos del rey.*» Estos eran «estenógrafos y copistas (Herodoto 7:100, 8:90), no la clase de escribas profesionales y de gran erudición (cp. Jer. 36:26, 32).» [23]

«*En el mes primero, al día trece del mismo, y fue escrito conforme a todo lo que mandó Amán, a los sátrapas del rey, a los capitanes que estaban sobre cada provincia y a los príncipes de cada pueblo, a cada provincia según su escritura, y a cada pueblo según su lengua; en nombre del rey Asuero fue escrito y sellado con el anillo del rey.*» Se ha calculado que esa fecha era el 17 de abril del año 474 a.C., porque el primero de Nisan caía en 5 de abril ese año en concreto.[24] No podemos ignorar de qué manera tan maravillosa, Dios, en Su providencia, controla cada uno de los sucesos que van aconteciendo en la crisis. El hecho de que la suerte cayese sobre una fecha, exactamente once meses después (cp. Est. 3:13, de marzo, del año 473) no solamente dio tiempo al decreto, sino también a que los judíos se defendiesen a sí mismos con éxito, bajo la dirección de otro decreto en contra del primero, que fue emitido más de dos meses después (8:9). Sin duda, la nación de Israel podría haber dicho como dijo David medio milenio antes: «En tu mano están mis tiempos: líbrame de la mano de mis enemigos y de mis perseguidores» (Sal. 31:15). Véanse mis comentarios sobre el versículo 7.

13a. «*Y fueron enviadas cartas por medio de correos a todas las provincias del rey.*» Para comentarios

22. Moore, *Esther*, p. 40.
23. *Ibid.*, p. 41.
24. Cp. R. A. Parker y W. H. Dubberstein, *Babylonian Chronology 626 a.C.-d.C. 75* (Providence, R. I.: Universidad de Brown, 1956), p. 31.

respecto al sistema postal persa, véanse mis comentarios en 1:22.

13b. *«Con la orden de destruir, matar y exterminar a todos los judíos.»* «El uso de tres sinónimos probablemente representa el medio legal para ser concreto y específico a fin de evitar confusión o incertidumbre.» [25]

13c. *«En un mismo día, en el día trece del mes duodécimo, que es el mes de Adar.»* Este era el mes de Adar (v. 7) y la fecha era el 7 de marzo del 473. Véanse mis comentarios sobre el versículo 12.

13d. *«Y de apoderarse de sus bienes.»* Todos los que ayudasen a exterminar a los judíos obtendrían una ganancia, pero es posible que una parte de ese beneficio fuese entregado a Amán (véase mi nota sobre el versículo 9).

14. *«La copia del escrito que se dio por mandamiento en cada provincia fue publicada a todos los pueblos, a fin de que estuviesen listos para aquel día.»* Carey A. Moore, que es un representante del punto de vista liberal, pregunta por qué Amán envió su decreto once meses por adelantado sobre la fecha prevista para llevar a cabo la matanza. Después de responder a una sugerencia absurda, Moore sencillamente se da por vencido en cuanto a este tema: «Este problema respecto al día, como otros muchos problemas que encontramos en Ester, se basa en consideraciones de tipo literario, más que histórico, es decir que el autor precisaba tiempo para el desenlace de su relato.» [26] Sin embargo, la sugerencia que ofrece C. F. Keil, de hace un siglo, todavía es digna de ser considerada: «El motivo parece haber sido... lograr que muchos judíos abandonasen sus propiedades y escapasen a otras tierras a fin de conservar

---

25. Moore, *Esther*, p. 41.
26. Moore, p. 43.

sus vidas. De ese modo, Amán conseguiría su objetivo. Se vería libre de la presencia de los judíos y podría enriquecerse apropiándose lo que les pertenecía.»[27] Finalmente, como es lógico, la cuestión solamente podrá quedar resuelta reconociendo profundamente la providencia de Dios, que atrapó al supersticioso Amán en la maquinaria de la astrología y de ese modo facilitó a los judíos el tiempo que necesitaban para buscar y hallar la solución inolvidable de Dios al dilema que tenían planteado (véanse mis comentarios sobre el v. 7).

15. *«Y salieron los correos prontamente por mandato del rey, y el edicto fundado en Susa capital del reino. Y el rey y Amán se sentaron a beber; pero la ciudad de Susa estaba conmovida.»* «El incidente concluye con un contraste brillante y dramático; por un lado el rey y su cortesano, indiferente con su vino: del otro los habitantes de la ciudad, preocupados por la publicación de tan arbitrario edicto.»[28] No cabe duda de que los judíos tenían en esa capital muchos amigos (cp. 8: 15) que se quedaron atónitos por ese ejemplo terrible de un despotismo irresponsable. Después de los judíos, ¿quién más podía verse sometido a la destrucción por el capricho de Jerjes?

27. Keil, p. 348.
28. J. G. Baldwin, «Ester», en Donald Guthrie y Alec Motyer, eds., *Nuevo Comentario Bíblico* (El Paso: Casa Bautista de Publicaciones, 1977), p. 318.

4

LA DECISION DE ESTER
(4:1-17)

EL QUE MARDOQUEO ESTUVIESE DE DUELO provocó la curiosidad de Ester, que se enteró, gracias a él, del decreto y del deseo que tenía de que ella apelase al rey. Cuando Ester protestó, diciendo que eso podría resultar fatal para ella, Mardoqueo insistió en que era la solemne responsabilidad que ella tenía para con su pueblo. Ester, entonces, prometió que se presentaría ante el rey si Mardoqueo la apoyaba por medio de un ayuno de tres días de duración.

1a. «*Luego que supo Mardoqueo todo lo que se había hecho.*» No solamente sabía Mardoqueo lo que había sido públicamente anunciado y tenía en su posesión una «copia del decreto» (v. 8), sino que estaba al corriente del acuerdo entre Amán y el rey y de la cantidad exacta de dinero que había sido prometida (v. 7). Esto agravaba su sufrimiento, porque seguramente se daría cuenta de que había sido el hecho de que hubiese divulgado su nacionalidad (3:4) lo que había logrado que la ira de Amán cayese sobre su pueblo, y es posible que fuese mediante los eunucos, con los que tenía amistad, y a los que había visto a la puerta del rey (2:19, 21) que obtuviese esta importante información.

1b. «*Rasgó sus vestidos, se vistió de cilicio y de ceniza... y clamando con grande y amargo clamor.*» Du-

89

rante muchos siglos este acto había servido (principalmente en la Biblia, pero véase también Herodoto 8:99) como señal de duelo, como lamentación personal o nacional, en caso de algún suceso trágico, como penitencia por los pecados o como una oración por la liberación.[1] Hasta los santos del Antiguo Testamento contemplaban la muerte con un cierto temor y aprensión (He. 2:15). Fue la resurrección corporal de nuestro Señor Jesús la que sacó a plena luz, por vez primera, «la vida y la inmortalidad por el evangelio» (2.ª Ti. 1:10). No es totalmente seguro que Mardoqueo fuese un creyente de verdad porque su duelo «no tiene por qué ser interpretado como prueba de una fe profundamente religiosa, como tampoco la presencia de una persona del pastor en un entierro significa por la fuerza que el difunto fuese un "creyente"».[2] En el Nuevo Testamento, las acciones como la de Mardoqueo eran más una señal de incredulidad que de fe (cp. Mr. 5:38; 1.ª Ts. 4:13).

2. «*Y vino hasta delante de la puerta del rey; pues no era lícito pasar adentro de la puerta del rey con vestido de cilicio.*» Esto no es de sorprender, dada la superficialidad de la vida espiritual y emocional en el palacio real de Persia. La presencia del sufrimiento podía fácilmente turbar al inestable monarca. Treinta años después, Nehemías tuvo buenos motivos para «temer en gran manera» cuando Artajerjes I se enfrentó con él en el palacio real de Susa, diciéndole: «¿Por qué está triste tu rostro?, pues no estás enfermo. No es esto sino quebranto de corazón» (Neh. 2:2).

3. «*Y en cada provincia y lugar donde el mandamiento del rey y su decreto llegaba, tenían los judíos gran luto, ayuno, lloro y lamentación; cilicio y ceniza*

---

1. Cp. W. Gordon Brown, «Ashes», en Charles F. Pfeiffer, Howard F. Vos y John Rea, eds. *Wycliffe Bible Encyclopedia*, 2 tomos (Chicago: Moody 1975), 1:159 y D. W. Deere, «Sackcloth»,, *ibid.*, 2:1495-96.
2. Carey A. Moore, «Esther», *The Anchor Bible* (Garden City, N. Y.: Doubleday, 1971), p. 47.

era la cama de muchos.» En el Antiguo Testamento normalmente se acompañaba la oración con el ayuno, como en el caso de Joel 1:14 que dice: «Proclamar ayuno, convocad a asamblea; congregad a los ancianos..., y clamad a Jehová.»[3] Por lo tanto, el hecho de que no se mencione la oración en ese tiempo de crisis es un hecho deliberado y está en armonía con el propósito especial del autor (véase la Introducción). Desde el punto de vista de la teocracia israelita, por lo tanto, la situación es muy diferente aquí de lo que lo fue en los días de Ezequías, 250 años antes, cuando, en un momento de crisis nacional, el rey no solamente «se rasgó las vestiduras» y «se cubrió de saco», sino que también «entró en la casa de Jehová» y «envió... al profeta Isaías» solicitando que «elevase oración por el remanente que aún queda» (2.° R. 19:1-4). A pesar de todo lo cual, e incluso de su incredulidad (como sucede actualmente con Israel), «en cuanto a la elección, son amados por causa de los padres» (Ro. 11:28).

4. «*Y vinieron las doncellas de Ester, y sus eunucos, y se lo dijeron.*» Este y los versículos siguientes dan a entender claramente que esas doncellas y los eunucos estaban tan aislados de los asuntos generales en el imperio que nada sabían acerca del decreto que había tenido en vilo a la ciudad.

«*Entonces la reina tuvo gran dolor, y envió vestidos para hacer vestir a Mardoqueo, y hacerle quitar el cilicio; mas él no los aceptó.*» Al parecer Mardoqueo hizo uso de este medio para que Ester comprendiese que la calamidad no era sencillamente a nivel personal, sino que afectaba a toda la nación.

5. «*Entonces Ester llamó a Hatac, uno de los eunucos del rey, que él había puesto al servicio de ella, y lo mandó a Mardoqueo, con orden de saber qué su-*

---

3. Cp. J. P. Lewis, «Fast, fasting», in Merrill C. Tenney, ed. *The Zondervan Pictorial Encyclopedia of the Bible*, 5 tomos (Grand Rapids: Zondervan, 1975), 2:501-4.

cedía, y por qué estaba así.» Ester debía confiar en
este eunuco de manera especial, cosa que demuestra
la delicada labor que le encomendó, y también Mardoqueo debía confiar en él porque le dio a conocer la verdadera nacionalidad de Ester y, de ese modo, la situación de peligro (cp. v. 8: «por su pueblo»). ¿Es posible
que también él fuese judío?

6.   «*Salió, pues, Hatac a ver a Mardoqueo, a la plaza de la ciudad, que estaba delante de la puerta del
rey.*» Literalmente, al «lugar ancho», que era lugar
tradicional para llevar luto (cp. Amós 5:16; Is. 15:3;
Jer. 48:38).[4]

7.   «*Y Mardoqueo le declaró todo lo que le había
acontecido, y le dio noticias de la plata que Amán había
dicho que pesaría para los tesoros del rey a cambio de
la destrucción de los judíos.*» Mardoqueo tenía la esperanza de que, al enterarse Ester de la enorme cantidad de dinero que estaba en juego, se diese cuenta de
la urgencia de obedecer su mandato de suplicar al rey
a favor de su pueblo.

8-11.   «*Le dio también la copia del decreto que había sido dado en Susa para que fuesen destruidos, a fin
de que la mostrase a Ester y se lo declarase, y le encar-
gara que fuese ante el rey a suplicarle y interceder delante de él por su pueblo. Vino Hatac y contó a Ester
las palabras de Mardoqueo. Entonces Ester dijo a Hatac que le dijese a Mardoqueo: "Todos los siervos del
rey, y el pueblo de las provincias del rey, saben que
cualquier hombre o mujer que entra en el patio interior
para ver al rey, sin ser llamado, una sola ley hay respecto a él: ha de morir; salvo aquel a quien el rey ex-
tienda el cetro de oro, el cual vivirá; y no he sido llamada para ver al rey estos treinta días."*» A fin de protegerse a sí mismo de intrusos no deseados, los reyes

---

4.   Moore, p. 48.

persas prohibían que nadie entrase en su morada privada sin anunciar o sin una previa invitación. Herodoto
permite solamente la excepción de los siete benefactores que habían ayudado a Darío en su arcensión al poder en el año 522 a.C. (3:118, 140; cp. 3:72, 77, 84), pero
sin duda por entonces ya estaban muertos. Solamente
la Biblia conserva la ley respecto al centro de oro, pero
eso es suficiente como para garantizar la historicidad de
dicha ley. Como es natural, los teólogos liberales son incapaces de aceptar el testimonio bíblico tal cual cuando
se trata de estos asuntos: «Una de dos, o el autor no
estaba bien informado acerca de las costumbres persas
en este asunto en concreto o, lo que es más probable,
a fin de aumentar el sentido misterioso para el lector
o para que éste apreciase el valor de Ester, exagera a
propósito los peligros que ella debía enfrentar.»[5]

«*No he sido llamada para ver al rey estos treinta
días.*» La situación de Ester era especialmente preca-
ria si tenemos en cuenta que durante todo un mes el
rey la había tenido olvidada. «Como reina de un monarca polígamo y caprichoso que no había ni pensado
en ella por espacio de un mes, podría esperar menos
simpatía que un extraño al presentarse ante él.»[6] Otro
ha sugerido que «de haber solicitado una audiencia con
el rey se la hubiese negado para evitar tener que enfrentarse con ella y confesarle que ya no la amaba...
Aunque la idea de que un rey poderoso temiese las
reacciones emocionales de una sencilla mujer, parezca
un tanto absurda, debemos darnos cuenta de que el
gran Jerjes sí temía la ira de su reina Amestris (Herodoto IX, 109).»[7]

12-13. «*Y dijeron a Mardoqueo las palabras de
Ester. Entonces dijo Mardoqueo que respondiesen a
Ester: No pienses que escaparás en la casa del rey más*

---

5. Moore, p. 52.
6. J. G. Baldwin, «Esther», en Donald Guthrie y Alec Motyer, eds. *Nuevo
Comentario Bíblico* (El Paso: Casa Bautista de Publicaciones, 1977), p. 319.
7. Moore, p. 49.

que cualquier otro judío.» Si la identidad nacional de Ester no era todavía conocida en el palacio, no está claro, al llegar a este punto, por qué ella habría de perecer en el pogrom junto a los demás judíos, a menos que Mardoqueo se estuviese refiriendo al juicio divino» (cp. v. 14).

14a. *«Porque si callas absolutamente en este tiempo, respiro y liberación vendrá de alguna otra parte para los judíos; mas tú y la casa de tu padre pereceréis.»* Impresa, de manera indeleble, sobre el corazón y la mente de cada judío estaba la promesa divina hecha a Abraham: «Bendeciré a los que te bendijeren, y a los que te maldijeren maldeciré» (Gn. 12:3). Nada es más evidente que el hecho de que esta promesa divina de protección para Israel y de juicio para sus enemigos suministró los antecedentes para la afirmación hecha por Mardoqueo, a pesar de que el autor omite con toda intención el nombre divino. (Véase la Introducción.) ¿De qué lugar podría haber llegado esa ayuda? Ciertamente no de otra nación ni de un mero poder político. Las antiguas fuentes judías (por ejemplo, Josefo, la revisión que Luciano hace sobre Ester y los Targumes) «están ciertamente en lo correcto al ver en el hebreo una alusión velada a Dios».[8] Por el mismo motivo, la amenaza que Mardoqueo hace respecto a Ester y la casa de su padre debe entenderse como una amenaza de «castigo divino, más bien que una venganza mortal llevada a cabo por los judíos, siendo esta última impresión la de Josefo».[9]

14b. *«¿Y quién sabe si para una hora has llegado al reino?»* Puede que ese no fuese el propósito original de Mardoqueo al animarla a convertirse en la reina de Jerjes pero, de repente, vio con claridad, al pensar en lo que ya había sucedido, que Dios, en Su soberanía, debía haber incluido esos sucesos tan sorprendentes,

---

8. *Ibid.*, p. 50.
9. *Ibid.*

en Su plan, de tal manera que no podía fracasar. Por lo tanto, debemos reconocer ese momento como decisivo en la vida de Ester. La súplica que le hizo Mardoqueo fue irresistible, y a lo largo de todo ese tiempo de crisis, las promesas, la justicia y la providencia de Dios aparecen en todo su esplendor, con lo que la sencilla omisión de Su nombre no oscurece, en modo alguno, ni Su identidad ni Sus atributos ni Sus propósitos para Su pueblo escogido, ni para toda la humanidad. El creer que semejante relato pudiese ser tan sólo la invención de una mente inteligente (como aseveran constantemente los críticos liberales) es creer más de lo que los hechos pueden soportar.

15-16a. «*Y Ester dijo que respondiesen a Mardoqueo: Vé y reúne a todos los judíos que se hallen en Susa, y ayunad por mí, y no comáis ni bebáis en tres días, noche y día; yo también con mis doncellas ayunaré igualmente.*» En Susa debía existir un número considerable de judíos, pues «mataron en Susa a trescientos hombres» (9:15).[10]

Aquí no se hace mención de la oración a Dios, pero está evidentemente implícita porque el mero hecho de ayunar, sin la oración que normalmente acompañaba a dicho ayuno (cp. mi nota sobre el v. 3 y Joel 1:14), hubiese resultado inútil dadas las circunstancias. De hecho, Moore sugiere que el ayuno tan estricto de Ester «la hizo, al parecer, menos atractiva a los ojos del rey».[11] Los tres días de ayuno han de ser considerados inclusives, porque fue durante el tercer día (5:1) que el ayuno tocó a su fin. Un asunto similar es el que gira en torno al tiempo exacto que transcurrió entre la muerte y la resurrección de nuestro Señor.[12]

Ester le prometió a Mardoqueo que sus doncellas ayunarían con ella. ¿Sugiere esto que también ellas eran

---

10. *Ibid.*, p. 41.
11. *Ibid.*
12. Cp. James L. Boyer, *Chronology of the Crucifixion and the Last Week* (Chicago: Moody, 1977).

judías o que, por lo menos, ella había conseguido enseñarles algo acerca de la oración?

16b-17. «*Entonces entraré a ver al rey, aunque no sea conforme a la ley; y si perezco, que perezca. Entonces Mardoqueo fue, e hizo conforme a todo lo que le mandó Ester.*» El clamor del anciano Jacob, cuando se dio cuenta de que no le quedaba más remedio que enviar a Benjamín a Egipto con sus hermanos, debió ser expresión de un sentimiento de resignación ante lo inevitable: «Y si he de ser privado de mis hijos, séalo» (Gn. 43:14). Puede que las palabras de Ester fueran más valerosas (véase Job 13:15; Dn. 3:17-18). Moore dice: «Al igual que le sucede a todos los seres humanos, Ester no estaba libre de defectos, pero lo cierto es que a nuestra heroína debemos juzgarla más por el acto de valor que realizó que por los temores naturales contra los que tuvo que luchar. El hombre temerario actúa sin miedo alguno y el hombre valiente lo hace a pesar de ello.» [13]

13. Moore, p. 53.

5

EL PRIMER BANQUETE
DADO POR ESTER
(5:1-14)

EL REY RECIBIÓ AMABLEMENTE a Ester y ella a su vez le invitó a él y a Amán a un banquete privado, durante el cual el rey ofreció concederle cualquier petición que ella le hiciese, pero en lugar de ello Ester pidió que asistiesen a otro banquete al día siguiente. Amán se mostró encantado por esas invitaciones tan especiales, pero al mismo tiempo estaba disgustado ante la constante negativa de Mardoqueo a arrodillarse ante él. La esposa de Amán y sus amigos le sugirieron que hiciese construir una horca y que obtuviese permiso del rey para ahorcar en ella a Mardoqueo.

1. «*Aconteció que al tercer día se vistió Ester su vestido real, y entró en el patio interior de la casa del rey, enfrente del aposento del rey.*» Durante las cuarenta horas más o menos que duró el ayuno, Dios debió darle a Ester el valor necesario para presentarse ante el rey sin anunciar su visita. «La estrategia femenina, así como la etiqueta de palacio, requerían el que Ester no apareciese ante el rey vestida de saco.» [1] «*Estaba el rey sentado en su trono en el aposento real.*» [2]

1. Carey A. Moore, «Esther», *The Anchor Bible* (Garden City, N. Y.: Doubleday, 1971), p. 55.
2. Para obtener una visión más auténtica del rey Darío, sentado sobre su

2a. «*Y cuando vio a la reina Ester que estaba en el patio, ella obtuvo gracia ante sus ojos; y el rey extendió a Ester el cetro de oro que tenía en la mano.*» Este es, sin duda, uno de los ejemplos más claros en todas las Escrituras del poder que Dios tiene sobre los corazones de los reyes para hacerles cambiar de opinión por amor a Su pueblo. Cuando *Abraham* fue con Sara al reino de los filisteos, se sintió innecesariamente atemorizado de que no hubiese «temor de Dios en este lugar» (Gn. 20:11), pero Dios estaba controlando a ese rey. A pesar de prolongadas demoras, el camino que José siguió hasta el poder fue preparado por las intervenciones providenciales de Dios en los corazones de Potifar (el ejecutador principal), del jefe de los carceleros, del jefe de los coperos y, finalmente, en el del propio Faraón (Gn. 39 — 41). *Daniel* vivió durante los tiempos del largo reinado de Nabucodonosor (605-562 a.C.) y dejó constancia por escrito, de las profundas lecciones que este poderoso monarca aprendió sobre el poder infinito del Dios de Israel (cp. Dn. 2:47; 3:28; 4:1-3, 37; 5:21). En lugar de recibir la muerte de manos de Artajerjes I, *Nehemías* tuvo oportunidad de expresar el deseo de su corazón y de verlo satisfecho (Neh. 2), pero incluso una respuesta negativa de un gobernador terrenal muestra que se halla bajo la mano de Dios, según vemos en el caso del Faraón, cuyo corazón fue endurecido por Dios, en contra de las súplicas hechas por Moisés (Gn. 5:1 — 12:36). Lo vemos también en los corazones de los gobernantes cuyo rechazo de nuestro Señor Jesucristo fue conforme «al designio y previo conocimiento de Dios» (Hch. 2:23). Tanto si se trata para bien como, al parecer, para mal (véase Gn. 50:20), la esperanza final del pueblo de Dios está en que «así está el corazón del rey en la mano de Jehová; a todo lo que quiere lo inclina» (Pr. 21:1).

---

trono, con su cetro en la mano, durante una audiencia en el palacio de Persépolis, con el príncipe heredero Jerjes a su lado, véase James B. Pritchard, *The Ancient Near East in Pictures*, 2.ª ed. (Princeton: Princeton University, 1969, p. 159, o Moore, p. 22.

2b. «*Entonces vino Ester y tocó la punta del cetro.*» Totalmente ignorante del impulso divino que hizo cambiar su corazón hacia Ester, el rey Jerjes extendió hacia ella el único medio de su salvación física. La aplicación espiritual al mensaje del evangelio es realmente notable. Debido a nuestro pecado, no nos es posible entrar en la presencia de un Dios que es infinitamente santo, pero este mismo Dios, en Su amor incomparable y en Su gracia, ha provisto un plan por medio del cual incluso los peores pecadores pueden llegar a Su presencia y tocar, por así decirlo, Su cetro. Ese plan incluye el precio infinito de nuestra redención, que fue pagado por el propio Hijo de Dios sobre la cruz, por medio de la cual tenemos un camino abierto que nos permite llegar ante Su trono de gracia (He. 10:19-22). La ilustración se desintegra, como es natural, justamente en el lugar donde la ilustración de nuestro Señor se interrumpió cuando la mujer insistente y el juez injusto aparecen (Lc. 18:1-8), para presentar el carácter del gobernante mismo. El texto original del libro de Ester no ofrece la menor alusión a las reacciones emocionales que experimentó en esos momentos, pero debieron ser sobrecogedoras. Fiel a su carácter, como añadidura no inspirada al texto original, la traducción griega (y la Vulgata Latina de Jerome). sin embargo, añade la siguiente visión, clara y entretenida:

En el tercer día, cuando había terminado de orar, se quitó las ropas de mendiga y se vistió con vestiduras reales. Después de haber clamado a ese Dios que todo lo ve y que es Salvador, Ester, radiante de hermosura, se llevó consigo a sus dos doncellas, apoyándose graciosamente sobre una de ellas, mientras la otra la seguía, llevándole la cola del vestido. Estaba radiante, en la época más álgida de su belleza y su rostro aparecía sereno, como el de una persona que sabe que es amada, pero su corazón latía de temor.

Cuando hubo pasado por todas las puertas, se encontró ante el rey, que estaba sentado en su aposento real, ataviado en su espléndido ropaje, cubierto todo él de oro y piedras preciosas, ¡qué vista tan impresionante! Levantando su rostro, todo colorado, la miró invadido por la más terrible ira. La reina tropezó, se puso pálida y se desmayó, yendo a caer sobre la doncella que iba delante de ella. Pero Dios cambió el corazón del rey, haciéndole bondadoso. Se levantó de su trono alarmado y la tomó en sus brazos hasta que recobró el conocimiento, consolándola con palabras reconfortantes y diciéndole: «¿Qué sucede Ester? Soy tu hermano, sé valiente. ¡No vas a morir! Esa práctica solamente se aplica a nuestros súbditos. ¡Ven aquí!»

Entonces levantó su cetro de oro y le dio sobre el cuello, la abrazó y le dijo: «Ahora cuéntamelo todo.» «Mi señor», le contestó ella, «te vi como a un ángel de Dios y me sentí sobrecogida por tu aspecto imponente. Pues tú eres maravilloso, mi señor, y tu rostro está lleno de bondad.» Y al hablar ella, suspiró aliviada. El rey estaba trastornado y sus asistentes intentaron tranquilizarla.[3]

3. «*Dijo el rey: ¿Qué tienes, reina Ester, y cuál es tu petición? Hasta la mitad del reino se te dará.*» Probablemente sorprendido por la inesperada aparición de Ester, Jerjes pensó que su petición debía ser urgente y, a pesar de que su ofrecimiento era una hipérbole (una exageración intencionada para causar un efecto), no fue jamás considerada como algo frívolo (él hizo uso del mismo ofrecimiento en 5:6 y 7:2). Herodoto nos cuenta acerca de una promesa similar hecha por Jerjes en Susa a Artaynta, la novia de su hijo Darío, por la que de repente sintió una pasión desmesurada (9:109). De modo similar, Herodes Antipas («aquella zorra», Lc. 13:32) dijo a la hermosa hijo de Herodías: «Pídeme lo que quieras…, todo lo que me pidas te daré, hasta la mitad de mi reino» (Mr. 6:22-23). Los resultados fueron aún más desastrosos para Herodes que para Jerjes en el episodio descrito por Herodoto.

4-8. «*Y Ester dijo: Si place al rey, vengan hoy el rey y Amán al banquete que he preparado para el rey. Respondió al rey: Daos prisa, llamad a Amán, para ha-*

---

3. Cp. Moore, p. 108.

cer lo que Ester ha dicho. Vino, pues, el rey con Amán al banquete que Ester dispuso. Y dijo el rey a Ester en el banquete mientras bebían vino: ¿Cuál es tu demanda? Aunque sea la mitad del reino, te será concedida. Entonces respondió Ester y le dijo: Mi petición y mi demanda es esta: Si he hallado gracia ante los ojos del rey, y si place al rey otorgar mi petición y conceder mi demanda, que venga el rey con Amán a otro banquete que les prepararé; y mañana haré conforme a lo que el rey ha mandado...» El propósito de que Ester invitase al rey y a Amán a un banquete privado fue, como es natural, principalmente para acusar a Amán de tramar un complot para destruir a su pueblo, como hizo al día siguiente (cp. Est. 7:6), pero entonces, tal vez sintiendo que no poseía todavía suficiente influencia sobre el rey como para hacer una acusación tan atrevida contra aquel hombre de posición tan poderosa y honrada, decidió, de repente, postergar su petición e invitarles a otro banquete a la noche siguiente. Si Dios es capaz de convertir el corazón de un rey para que sea como torrentes de agua (véase mi comentario sobre 5:2), lo mismo puede hacer con el corazón de una reina. No cabe duda de que los caminos que Dios usa con el hombre son maravillosos, porque los sucesos en los que intervino, tal y como aparecen en el capítulo 6, suministran el necesario cese de Amán y la creciente confianza de Ester en la dirección marcada por Dios en el curso de los sucesos, para que ella pudiese acusar abiertamente a Amán durante el transcurso del siguiente banquete.

Por otro lado, no debemos tampoco menospreciar los riesgos que suponían el postergar su petición. Como Moore dice: «Su segunda negativa (v. 8) era tentar a la suerte. El posponer su auténtica petición otra vez era una más arriesgada y cuestionable tentativa, pues una serie de cosas podían salir mal en el intervalo que habría de transcurir entre las dos comidas: por ejemplo, el estado de ánimo benevolente del rey podía cambiar o Amán podía enterarse de los verdaderos sentimientos que albergaba en cuanto a él, o acerca de su relación con Mardoqueo.» [4]

9. «*Y salió Amán aquel día contento y alegre de corazón; pero cuando vio a Mardoqueo a la puerta del palacio del rey, que no se levantaba ni se movía de su lugar, se llenó de ira contra Mardoqueo.*» Este es un ejemplo fascinante del pecador engañado, glorificándose a sí mismo y odiando a la vez al verdadero Dios y a Su pueblo. Los salmos están llenos de imprecaciones y de profecías respecto a los tales. A pesar de que los asistentes de Ester estaban enterados de su relación con Mardoqueo (véase mi nota sobre 4:4-8), es evidente que Amán no estaba enterado. Esta ignorancia de un hecho tan vital resultó, bajo la providencia perfecta y la justicia de Dios, su ruina. «A pesar del edicto emitido por el rey para que Mardoqueo y todo su pueblo fuesen destruidos, Mardoqueo no hizo señal exterior de reconocimiento al autor de todos sus problemas, ni siquiera hizo el menor esfuerzo por admitir su presencia (cp. Job 28:7 ss.) y mucho menos temblar ante él. Mardoqueo se limitó a permanecer sentado en su lugar acostumbrado, ante la puerta del rey (2:19 *et passim*), en su ropa acostumbrada (4:2), como si nada hubiese sucedido.» [5]

10-12. «*Pero se refrenó Amán y vino a su casa, y mandó llamar a sus amigo y a Zeras su mujer, y les refirió Amán la gloria de sus riquezas, y la multitud de sus hijos*, [pues tenía diez hijos (9:7-10], *y todas las cosas conque el rey le había engrandecido, y conque le había honrado sobre los príncipes y siervos del rey. Y añadió Amán: También la reina Ester a ninguno hizo venir con el rey al banquete que ella dispuso, sino a mí; y también para maèana estoy convidado por ella con el rey.*» El tener muchos hijos estaba considerado

4. *Ibid.*, p. 87.
5. *Ibid.*, p. 60.

como un gran honor no solamente en Israel (cp. Sal. 127:3-5), sino en Persia también. Herodoto nos informa, acerca de los persas, por ejemplo, que «después de la destreza en el uso de las armas, está considerado como la mayor demostración de excelencia varonil el ser padre de muchos hijos. Todos los años el rey enviaba ricos regalos al hombre que mostrase que tenía el mayor número de hijos porque los que más hijos tenían más fortaleza tenían» (1:136).

13. *«Pero todo esto de nada me sirve cada vez que veo al judío Mardoqueo sentado a la puerta del rey.»* «El recuerdo del desafío de Mardoqueo fue la única barrera que se interponía a su completa satisfacción; en esto Amán es típico, porque son los hombres pequeños los que exageran desprecios, mientras que los grandes pueden pasarlos por alto.» [6] «Del mismo modo que una moneda que se coloca demasiado cerca del ojo puede bloquear el sol por completo, la preocupación de Amán, en cuanto a la venganza, impedía que llegasen a él otras bendiciones.» [7]

14. *«Y le dijo Zeres su mujer y todos sus amigos: Hagan una horca de cincuenta codos de altura y mañana di al rey que cuelguen a Mardoqueo en ella; y entra alegre con el rey al banquete. Y agradó esto a los ojos de Amán, e hizo preparar la horca.»* Esta horca sería de una altura de setenta y cinco pies (casi veintitrés metros), toda una estructura para ser elevada en una sola noche, como se complacen en hacer notar los liberales, pero incluso Moore admite que es «evidentemente una exageración a menos que la horca se situase encima de "alguna construcción elevada" (véase Hoschander, p. 205) o sobre una colina, para que todos pudiesen verlo».[8] Es más, no debemos limi-

6. J. G. Baldwin, «Ester», en Donald Guthrie y Alec Motyer, eds., *Nuevo Comentario Bíblico* (El Paso: Casa Bautista de Publicaciones, 1977), p. 319.
7. Moore, p. 61.
8. *Ibid.*, p. 60.

tar el poder de un político que es enormemente rico y que está terriblemente celoso. El suspense ha llegado ahora a su clímax. «Ester todavía no le ha hablado al rey acerca del pogrom y el rey no sabe todavía que Mardoqueo le salvó la vida y es, en ese momento, cuando se ha preparado la horca para Mardoqueo. ¡Las cosas no han tenido jamás un aspecto peor!» [9]

---

9. *Ibid.*, p. 61.

6

AMAN HUMILLADO
ANTE MARDOQUEO
(6:1-14)

INCAPAZ DE CONCILIAR EL SUEÑO aquella noche el rey hizo que los cronistas oficiales le leyesen, y fueron esos anales los que le dieron la noticia de la lealtad no recompensada de Mardoqueo al exponer el plan que habían tramado en contra del rey. Cuando Amán llegó al palacio pidiendo la muerte de Mardoqueo, se le preguntó qué honores debían aplicarse a un favorito del rey. Pensando en sí mismo, Amán sugirió una forma muy elaborada de promoción, ¡solamente para que luego le dijesen a él que debían rendir esos honores a Mardoqueo, el judío! Cuando Amán llegó a su casa, su esposa y sus amigos le advirtieron que si Mardoqueo era realmente judío, su propia desgracia estaba sin duda sellada.

1a. «*Aquella misma noche se le fue el sueño al rey.*» ¿Fue acaso la creciente ansiedad provocada por la posible enormidad de la petición que le hizo Ester lo que mantuvo despierto al rey? ¿O podía ser tal vez el haber tomado demasiado vino durante el primer banquete? La preocupación por la suerte que habría corrido Daniel en el foso de los leones, mantuvo a Darío el Meda en un estado de tensión tan grande que «se le fue el sueño» (Dn. 6:18). Dios lleva a cabo algunas de sus más grandiosas obras en los corazones de los hombres cuando éstos permanecen despiertos en sus camas por las noches (cp. Job 4:12-16; Sal. 4:4; Hch. 18:9; 23:11).

1b. *«Y dijo que le trajesen el libro de las memorias y crónicas, y que las leyesen en su presencia.»* Los persas apuntaban con sumo cuidado todo lo que acontecía y que afectaba al imperio y a la casa real (cp. Est. 2:23). De ese modo, por medio de un sistema de crónicas disponible en Babilonia, Darío encontró en algunos de sus archivos en Ecbatana el rollo original que Ciro había decretado respecto a los judíos (Esd. 6:1-2; cp. 4:15). Un equivalente actual muy bien podría ser el *Registro del Congreso* o *Boletín Oficial del Estado*, ¡que sería un antídoto excelente para el insomnio! «El hebreos indica que continuaron leyendo, evidentemente, durante toda la noche.» [1]

2. *«Entonces hallaron escrito que Mardoqueo había denunciado el complot de Bigtán y de Teres, dos eunucos del rey, de la guarda de la puerta, que habían procurado poner mano en el rey Asuero.»* Entre los miles de artículos que quedaban escritos cada año en el libro de los anales oficiales del Imperio Persa, es por pura providencia, que casi raya en lo milagroso, el que esa determinada intriga de la casa del rey (un tanto típica), que había tenido lugar cuatro años antes, fuese leída en esa ocasión precisa y a la persona que le fue leída.

3. *«Y dijo el rey: ¿Qué honra o qué distinción se hizo a Mardoqueo por esto?»* «El hecho de que Mardoqueo hubiese quedado sin recompensa por haberle salvado la vida al rey se reflejaba sobre el rey persa, para el cual era una cuestión de honor el recompensar

---

1. J. G. Baldwin, «Ester», en Donald Guthrie y Alec Motyer eds., *Nuevo Comentario Bíblico* (El Paso: Casa Bautista de Publicaciones, 1977), p. 319.

a sus benefactores (Herodoto 3:138-140; 5:11; 8:85; 9:107).»[2]

4. *«Entonces dijo el rey: ¿Quién está en el patio? Y Amán había venido al patio exterior de la casa real, para hablarle al rey para que hiciese colgar a Mardoqueo en la horca que él le tenía preparada.»* Los carpinteros habían estado trabajando durante toda la noche para acabar la horca, y por la mañana temprano llegó Amán para pedirle permiso al rey para ahorcar a Mardoqueo, pero antes de que pudiese hacer esa petición especial el rey le mandó llamar a su presencia, ante el trono, para dar respuesta a una importante pregunta. Al parecer el rey deseaba consultar a cualquier estadista que pudiese encontrar a esa hora temprana ¡y «sucedió» que Amán era el hombre que estaba disponible en esos momentos! «Este versículo sirve muy bien para demostrar el don que tiene el autor para ser irónico... en este caso el pájaro tempranero es pillado por el gusano.»[3]

5-6. *«Y los servidores del rey le respondieron: He aquí Amán está en el patio. Y el rey dijo: Que entre. Y dijo Amán en su corazón: ¿A quién deseará el rey honrar más que a mí?»* He aquí una ilustración clara del texto: «Antes del quebrantamiento es la soberbia, y antes de la caída la altivez de espíritu» (Pr. 16:18; cp. 11:2; 18:12). Para otro «espléndido ejemplo de ironía dramática» véase 2.º Samuel 12:1-7 (cp. 14:1-17), «donde la pregunta fue hecha por uno que, al contrario que el rey Jerjes, se daba plena cuenta de sus implicaciones».[4]

7-8. *«Y respondió Amán al rey: Para el varón cuya honra desea el rey, traigan el vestido real de que el rey*

---

2. Carey A. Moore, «Esther», *The Anchor Bible* (Garden City, N. Y.: Doubleday, 1971), p. 64.
3. Moore, p. 64.
4. *Ibid.*

se viste, y el caballo en que el rey cabalga, y la corona real que está puesta en su cabeza.» El hecho de que Amán fuese capaz de hacer de inmediato una lista de todos los honores que se considerarían más estimados en el Oriente sugiere que, con frecuencia, había meditado en esta posibilidad y estaba listo para dar la respuesta si el rey alguna vez se lo preguntaba. «Porque donde esté vuestro tesoro», dijo una vez nuestro Señor, «allí estará también vuestro corazón» (Mt. 6:21). Con el ejemplo trágico de Amán ante sus ojos, cuán tremendamente importante es para el cristiano prestar atención al mandato de Dios: «Buscad las cosas de arriba, donde está Cristo sentado a la diestra de Dios. Poned la mira en las cosas de arriba, no en las de la tierra» (Col. 3:1-2).

Para Amán no era suficiente llevar ropajes reales y montar un caballo de las caballerizas reales, sino que tenía que utilizar aquellas cosas que el rey usaba. «Al utilizarse las regias exteriores de la realeza todos pensarían que era el mismo rey que llegaba.»[5] Tal el insaciable orgullo de ese miembro de la corte y en él vemos un enorme deterioro de la calidad en comparación con el José al que el Faraón había honrado entregándole su anillo, los ropajes apropiados, su segundo carro y un poder solamente menor al suyo (Gn. 41:39-45). Igualmente podemos poner como contraste de Amán al David por el cual Jonatán «se quitó el manto que llevaba... hasta su espada, su arco y su talabarte» (1.º S. 18:4) y el Salomón al cual David entregó su propia mula real para que montase sobre ella con la dignidad apropiada, para llevarle a Gihón para la unción pública (1.º R. 1:33).

La corona no debía ser colocada sobre la cabeza de Amán, sino sobre la de su caballo. «En realidad no encontramos entre los escritores clásicos ningún testimonio que dé fe de este adorno del caballo real, pero no por ello resulta improbable la circunstancia y sí

5. Baldwin, p. 418.

parece ser corroborada por antiguas reliquias, por ciertas esculturas asirias y persas que representaban a los caballos del rey y, al parecer los de los príncipes, con adornos sobre sus cabezas, acabando en tres puntas, que pueden ser consideradas como una especie de corona.» [6]

9a. «*Y den el vestido y el caballo en mano de alguno de los príncipes más nobles del rey.*» ¡Lo que Amán esperaba que se convirtiese en un honor supremo para él mismo resultó ser una absoluta humillación! (cp. 6:10). «El rey... sólo él ignoraba la enemistad existente entre Mardoqueo y Amán, y el hecho de que el decreto de Amán era dirigido contra los judíos y, por lo tanto, incluía a Mardoqueo.» [7] «Mientras que los escépticos pueden decir que esta serie de acontecimientos son debidos al "azar" ("buena suerte" para Mardoqueo y "mala" para Amán), la persona religiosa seguramente dirá que se trata más bien de la "Providencia" o "la mano de Dios".» [8]

9b. «*Y vistan a aquel varón cuya honra desea el rey, y llévenlo en el caballo por la plaza de la ciudad, y pregonen delante de él: Así se hará al varón cuya honra desea el rey.*» Catorce siglos antes, José, otro israelita, fue honrado de igual modo cuando el Faraón «lo hizo subir en su segundo carro, y pregonaron delante de él: ¡Doblad la rodilla!» (Gn. 41:43). Algún día todo el universo tendrá que inclinarse ante el Hijo unigénito de Dios, Jesucristo el Señor (cp. Sal. 2:4-12; Fil. 2:10-11).

---

6. C. F. Keil, *The Books of Ezra, Nehemiah and Esther*, trad. Sophia Taylor, *Biblical Commentary on the Old Testament*, por C. F. Keil y F. Delitzsch (1873; reimpresión, Grand Rapids: Eerdmans, 1950), pp. 360-61. Para ver una foto de un relieve de piedra de un caballo con una corona, véase la figura 4 en Moore («Relieve de piedra mostrando un Chorasmián con su caballo, en la escalera del Apadana la Persépolis»).

7. Baldwin, p. 319.

8. Moore, p. 67.

10. «*Entonces el rey dijo a Amán: Date prisa, toma el vestido y el caballo, como tú has dicho, y hazlo así con el judío Mardoqueo, que se sienta a la puerta real; no omitas nada de todo lo que has dicho.*» Al parecer el rey descubrió que Mardoqueo, su benefactor, era un judío, basándose en los escritos de los anales oficiales que le fueron leídos durante la noche, pero siendo un monarca variable y tal vez despistado, no acabó de relacionarlo con el hecho del decreto que hacía poco había escrito, dando la orden de que los judíos fueran exterminados (cp. 3:11). A la vista de la actitud de Jerjes en 3:15 («y el rey y Amán se sentaron a beber; pero la ciudad de Susa estaba conmovida»), probablemente había descartado de su mente todo el asunto en las últimas semanas. A pesar de la dureza e incompetencia de los gobernantes humanos, tenemos un Dios en los cielos que nos tiene constantemente en Su mente (Mt. 6:25-34) y en Su infinito amor por los ciudadanos de Su reino, El «no se adormecerá ni dormirá» (Sal. 121:4).

11-12a. «*Y Amán tomó el vestido y el caballo, y vistió a Mardoqueo, y lo condujo a caballo por la plaza de la ciudad, e hizo pregonar delante de él: Así se hará al varón cuya honda desea el rey. Después de esto Mardoqueo volvió a la puerta real.*» Aunque quizá de una manera un poco tardía, pero gloriosa (¿y no se aplica esto a todos los creyentes, cuyo servicio para Cristo ha sido pasado por alto por el mundo, e incluso por la Iglesia?, Mardoqueo volvió a su lugar anterior, a la puerta real y aquellos que con anterioridad le habían acusado delante de Amán (Est. 3:4) tal vez se dieron cuenta de que se habían metido en un grave problema, a pesar de que el decreto real en cuanto a la destrucción de los judíos estaba aún en vigor. ¡Uno no puede evitar preguntarse si Mardoqueo estaría todavía vestido con saco!

12b. «*Y Amán se dio prisa para irse a su casa, apesadumbrado y cubierta su cabeza.*» «Con la cabeza cubierta, como señal de su dolor (cp. 2.° S. 15:30, 19:4; Jer. 14:3-4; Ez. 24:17...) regresa a su casa para consolarse de su decepción y buscar el solaz entre su esposa y sus amistades.» [9]

13. «*Contó luego Amán a Zeres su mujer y a todos sus amigos, todo lo que le había acontecido. Entonces le dijeron sus sabios, y Zeres su mujer: Si de la descendencia de los judíos es ese Mardoqueo delante de quien has comenzado a caer, no lo vencerás, sino que caerás por cierto delante de él.*» Los amigos de Amán, que con anterioridad habían actuado como consejeros, a la hora de la venganza (Est. 5:14), actuaron entonces como «sabios» porque predijeron correctamente su ruina. El repentino cambio que se había operado en la suerte de Mardoqueo les hizo darse cuenta, con un asombro supersticioso, fruto de la atenta observación del cuidado providencial de Dios para con Su pueblo desde los días de Ciro el Grande, de que la caída preliminar de Amán no acabaría hasta su completa destrucción. ¿Es posible que, al igual que Balaam, mil años antes (Nm. 23:9, 21, 23; 24:9, 17, 19) ellos hablasen por encima de su sabiduría? (Compárese, además, el sorprendente testimonio de Rahab a los espías israelitas en Jos. 2:9-13.)

14. «*Aún estaban ellos hablando con él, cuando los eunucos del rey llegaron apresurados, para llevar a Amán al banquete que Ester había dispuesto.*» Literalmente, «se dieron prisa en llevar» lo cual sirve para enfatizar la importancia de Amán, sin imaginarse ninguna tardanza por su parte. En realidad no hay mucho que justifique la opinión de algunos eruditos, según los cuales, como resultado de la humillante expe-

---

9. *Ibid.*, p. 66.

riencia por la que había pasado Amán, como vemos en
6:11, o bien se olvidó por completo de asistir a la cita
con la reina o no sentía ningún deseo de hacerlo. Por
el contrario, Amán tenía necesidad de esa fiesta para
poder animar a su ego, que había sufrido un rudo
golpe.» [10]

10. *Ibid.*, p. 69.

7

EL SEGUNDO BANQUETE
DADO POR ESTER
(7:1-10)

Durante el segundo banquete, Ester pidió atrevidamente al rey Jerjes la salvación de su pueblo de la destrucción, acusando a Amán de ser el enemigo. Enfurecido por su descubrimiento, el rey se fue al huerto del palacio y al regresar se encontró con que Amán suplicaba a Ester por su vida. Acusándole de atacar a la reina, el rey ordenó que Amán fuese ahorcado en la horca que el propio Amán había construido para Mardoqueo.

1. «*Fue, pues, el rey con Amán al banquete de la reina Ester.*» «No se precisa la hora del banquete, aunque, al parecer, debió ser por la tarde, más bien que por la noche, ya que después sucedieron muchas cosas durante el curso de ese mismo día, entre ellas, el que Amán fuese ahorcado (v. 10) y Mardoqueo fuera recibido personalmente por el rey (8:1-2), todo lo cual hubiera llevado cierto tiempo.»[1]

2. «*Y en el segundo día, mientras bebían vino, dijo el rey a Ester: ¿Cuál es tu petición, reina Ester, y te*

---

1. Carey A. Moore, «Esther», *The Anchor Bible* (Garden City, N. Y.: Doubleday, 1971), p. 69.

será concedida? ¿Cuál es tu demanda? Aunque sea la mitad del reino, te será otorgada.» «Una vez que hubo oído su petición, todavía podía, como es lógico, negársela, pero habiéndole ofrecido unas garantías tan enfáticas, entre ocasiones diferentes, difícilmente podía negarle la petición después de sus promesas, así que el rey se vio acorralado.» [2]

3. *«Entonces la reina Ester respondió y dijo: Oh rey, si he hallado gracia en tus ojos, y si al rey place séame dada mi vida por mi petición, y mi pueblo por mi demanda.»* Es evidente que el rey ignoraba el verdadero significado de los sucesos que habían acontecido durante las veinticuatro horas anteriores, pero Ester debió comprender el significado y la dirección providencial de esos sucesos. Por otro lado, ella «necesitaba sentirse lo más segura posible... para ella ese encuentro seguía siendo aún una cuestión de vida o muerte. Una vez que hubiese revelado al rey su origen étnico y religioso, sin mencionar la oposición a los más poderosos oficiales del rey, su futuro sería de lo más incierto».[3] Con un atrevimiento que era fruto de su desesperación, Ester presentó su petición (por su propia vida) y su deseo (por la vida de su pueblo) siguiendo las palabras exactas de la pregunta del rey, según lo vemos en el versículo 2.

4a. *«Porque hemos sido vendidos, yo y mi pueblo, para ser destruidos, para ser muertos y exterminados.»* Ester se había identificado, por fin, como mujer judía, exponiendo su crítica situación en los términos exactos utilizados en el decreto, según 3:13, términos que habían quedado, por entonces, grabados en lo más recóndito de su mente y de su conciencia. El término «vendidos», como es natural, se refiere al precio que había ofrecido Amán al rey a cambio del privilegio de destruir a ese pueblo indeseable.

---

2. *Ibid.,* p. 73.
3. *Ibid.*

4*b*. «*Si para siervos y siervas fuéramos vendidos, me callaría; pero nuestra muerte sería para el rey un daño irreparable.*» Expresado de forma literal diría: «A pesar de que el enemigo no tiene ni punto de comparación con el daño que eso ocasionaría al rey.» La manera hebrea de expresarse no está muy clara para nosotros, en nuestros días, pero muy bien podría significar que el castigo de Amán por su crimen, representaría menor pérdida económica al rey que la destrucción de miles de judíos. Por el contrario Ester se hubiese callado, sin embargo, si los judíos hubiesen sido vendidos como esclavos o siervos, porque sin duda eso hubiese producido un gran beneficio al rey.[4]

5. «*Respondió el rey Asuero, y dijo a la reina Ester: ¿Quién es, y dónde está, el que ha ensoberbecido su corazón para hacer esto?*» «Primero la vida del rey se encontró en peligro (2:21-23) y luego fue la de la reina, así que no es de sorprender que el rey estuviese tan inquieto.»[5] La respuesta de Jerjes a esa súplica desesperada fue exactamente lo que Ester, Mardoqueo, y cientos de judíos en Susa habían esperado. Enterándose por primera vez de que la reina Ester era judía, Jerjes se sintió de repente abrumado por el pensamiento de que ella y su pueblo hubiesen sido vendidos para ser destruidos por un decreto inalterable que Amán había publicado, firmado por el sello del anillo del rey. No cabe duda de que, en principio, el rey había dado su visto bueno al complot hurdido por Amán, sin pensárselo demasiado (cp. 3:10-11), pero resulta difícil imaginar un monarca tan despistado como para haber olvidado la persona que era responsable de iniciar esa destrucción, que había de abarcar a todo el imperio, hacía solamente dos meses (cp. 3:7 y 8:9

4. Fr. U. Schultz, «Esther», ed. y trad. James Strong, pp. 77-78, en tomo 7 de John P. Lange, et. al., *Commentary on the Holy Scriptures: Critical, Doctrinal, and Homiletical*, ed. y trad. Philip Schaff et. al., 24 tomos (Grand Rapids: Zondervan, s. f.).

5. Moore, p. 71.

para el momento en que acontecieron estos sucesos). Hubiese sido más halagador para Jerjes el haberse abstenido de volverse de inmediato sobre Amán, a fin de que la maldad de ese hecho pudiese haber quedado descubierto por Ester.

6. **«*Ester dijo: El enemigo y adversario es este malvado Amán. Entonces se turbó Amán delante del rey y de la reina.*»** Ester va construyendo su caso paso a paso hasta llevarlo a un desenlace emocional y psicológico que resulta casi irresistible, antes de mencionar al que tantos desvelos le había ocasionado, ¡el propio Amán!

7a. **«*Luego el rey se levantó del banquete,, encendido en ira, y se fue al huerto del palacio.*»** «Sin tener en cuenta los motivos que hicieron que el rey se ausentase de la sala, y los comentadores han ofrecido muchas explicaciones... la ausencia del rey prepara la escena para el incidente que sella el destino de Amán.» [6] De hecho nada hay de misterioso en que el rey se alejase momentáneamente al huerto del palacio: «El rey muestra una rara reacción al levantarse y salir de aposento.» [7]

7b. **«*Y se quedó Amán para suplicarle a la reina Ester por su vida; porque vio que estaba resuelto para él el mal de parte del rey.*»** Aprovechándose de la ausencia temporal del rey, Amán comenzó a suplicar desesperadamente por su vida a la reina Ester, plenamente consciente de que no podría encontrar favor a los ojos del rey aparte de la intercesión de ella. Es probable que Amán no pudiese saber que ella había estado, de forma temporal, alejada del favor de Jerjes, y aunque lo hubiese sabido, había oído en dos ocasio-

---

6. Moore, p. 71.
7. J. G. Baldwin, «Ester», en Donald Guthrie y Alec Motyer, eds., *Nuevo Comentario Bíblico* (El Paso: Casa Bautista de Publicaciones, 1977), p. 319.

nes la fabulosa promesa que el rey le había hecho, ofreciéndole «hasta la mitad del reino». Por tanto, se vio atrapado por completo entre un rey enfurecido y una reina ofendida.

¡No hacía más que veinticuatro horas que Amán había llevado a un judío en un desfile triunfal por las calles de la ciudad y en esos momentos tenía que suplicar por su vida a una judía! Una inversión mucho mayor será la que tendrá lugar durante el amanecer de la edad milenial, cuando «reyes serán tus ayos...; con el rostro inclinado a tierra te adorarán, y lamerán el polvo de tus pies» (Is. 49:23) y «vendrán a ti humillados los hijos de los que te afligieron, y a las pisadas de tus pies se encorvarán todos los que te escarnecían» (Is. 60:14; cp. 14:1; 45:14, 23).

8a. *«Después el rey volvió del huerto del palacio al aposento del banquete, y Amán había caído sobre el diván en que estaba Ester. Entonces dijo el rey: ¿Querrás también violar a la reina en mi propia casa?»*
Desesperado por su propia vida, Amán había caído a los pies de Ester (cp. 2.º R. 4:27; Est. 8:3) mientras ella se encontraba reclinada sobre uno de los divanes de oro y plata (cp. 1:6) en la sala de los banquetes. Herodoto menciona entre el botín que los griegos se llevaron de sus enemigos los persas, después de la batalla de Platea, «divanes dorados y plateados, ricamente engalanados con vistosas fundas y mesas doradas y plateadas» (9:82). Los persas, al igual que los griegos y los romanos, se reclinaban para comer y muchos judíos adoptaron esa costumbre durante los tiempos del Nuevo Testamento (cp. Jn. 13:23).[8]

«La respuesta dada por el rey ha sido interpretada de diversas maneras por los eruditos, como excesiva, como si hubiese estado borracho, como una broma cruel, como algo irrazonable, etc., etc., pero no debe-

---

8. Cp. R. K. Harrison, «Meals», en J. D. Douglas, ed., *The New Bible Dictionary* (Londres: Inter-Varsity, 1962), p. 799.

mos olvidarnos de que en aquellos tiempos se sentía de
manera particular, y existían normas muy estrictas,
cuando se trataba de la casa donde habitaban las concubinas del rey (cp. Plutarco, *Artajerjes* XXVII, 1, 2...).
De haberse arrodillado Amán a cierta distancia de la
reina, la reacción del rey aún habría estado justifica-
da.»[9] El hecho de que Jerjes estaba «predispuesto para
interpretar mal la postura de Amán»[10] nos dice algo
acerca del ambiente terriblemente abismal que dominaba en el palacio persa en aquellos tiempos.

*8b. «Al proferir el rey esta palabra, le cubrieron
el rostro a Amán.»*   Esta «palabra» no fue la pregunta
que acababa de hacer, sino la orden de que Amán fuese
ejecutado, lo cual no aparece registrado en el texto.
«La versión de los Setenta dice: "Su rostro se puso azo-
rado"... Sin embargo, el Texto Masorético parece bastante inteligible y correcto, a pesar de que no existe
evidencia, fuera del Antiguo Testamento, de que los
persas tuvieran la costumbre de cubirle la cabeza a los
condenados. Para una evidencia sobre esta práctica entre los griegos y los romanos, véase Curtius VI:8, 22
y Livio I:26:25 respectivamente.»[11]

*9. «Y dijo Harbona, uno de los eunucos que ser-
vían al rey: He aquí, en casa de Amán la horca de cincuenta codos de altura que hizo Amán para Mardoqueo, el cual había hablado bien por el rey. Entonces
el rey dijo: Colgadlo en ella.»*   Como de costumbre, el
rey, falto de imaginación, sigue sencillamente las sugerencias que le hacen sus cortesanos. Harbona era
uno de los siete eunucos al que el rey había enviado
para traer a Vasti al gran banquete (1:10). La misma altura de la horca que había construido Amán (que muchos críticos liberales han rechazado considerándola de

9. Moore, p. 72.
10. Baldwin, p. 319.
11. Moore, p. 72.

una altura imposible) era tan notable que se podía ver desde el palacio! «Además de sugerir una manera apropiada de ejecutar a Amán, la observación hecha por Harbona tuvo, además, el efecto de introducir una segunda acusación contra él, ese decir que, a sabiendas, había intentado dar muerte al benefactor del rey. Si en la mente del rey había existido alguna incertidumbre respecto a la suerte de Amán, esto acabó con ella.» [12]

David, el gran salmista de Israel, había visto, sin duda, situaciones similares en su vasta experiencia con hombres malvados: «En la red que escondieron fue tomado su pie. Jehová se ha hecho conocer en el juicio que ejecutó. En la obra de sus manos fue enlazado el malo» (Sal. 9:15-16).

10. «*Así colgaron a Amán en la horca que él había hecho preparar para Mardoqueo; y se apaciguó la ira del rey.*» Algunos han acusado a Ester de haber sido dura y cruel por no interceder a favor de Amán y haber evitado su muerte, pero Moore ha hecho la justa observación de que hasta que fue ahorcado: «Amán no fue derrotado, era un enemigo que iba perdiendo, pero que no había perdido todavía. Había perdido una batalla crucial, pero no había perdido necesariamente la guerra. De haber ganado Amán ese round, podría haber recuperado su marca y haber preparado una derrota a la próxima oportunidad. Mientras estuviese con vida un enemigo tan poderoso y astuto como Amán, sería una amenaza para Ester, para Mardoqueo y para toda la comunidad judía. El decir aquí que Ester era una mujer sin compasión y sin sentimientos es tergiversar toda la situación. Por lo tanto, si bien su corazón podía haberla guiado a tener misericordia de él, la lógica y la prudencia se lo impidieron.» [13]

---

12. *Ibid.*
13. *Ibid.*, p. 74.

8

MARDOQUEO PUBLICA
UN NUEVO DECRETO
(8:1-17)

Las propiedades y la posición de Amán le fueron entregadas a Mardoqueo por Jerjes y Ester, pero el rey no pudo anular su decreto contra los judíos, así que, le concedió poder a Mardoqueo para que él publicase un nuevo decreto que sirviese para contrarrestar el primero. Esto fue realizado con toda rapidez y los judíos pudieron defenderse en el día trece de Adar, que era la fecha que Amán había fijado originalmente para su destrucción. Esto produjo un gran gozo por todas partes y muchos se convirtieron en prosélitos de los judíos.

1a. «*El mismo día, el rey Asuero dio a la reina Ester la casa de Amán, enemigo de los judíos.*» «De acuerdo con la ley ya referida (véase nota sobre 3:9) la propiedad de Amán la confiscó el rey.» [1] Compárese Herodoto que, habiendo descrito la ejecución de Oroetes, el malvado gobernador persa de Sardis, informó que «los tesoros que le pertenecían a Oroestes» fueron entregados al rey Darío (3:129). La propiedad de Amán

---

1. J. G. Baldwin, «Ester«, en Donald Guthrie y Alec Motyer, eds., *Nuevo Comentario Bíblico* (El Paso: Casa Bautista de Publicaciones, 1977), p. 319.

le fue entregada a Ester por Jerjes, «aparentemente como compensación por sus sufrimientos. Aunque era un regalo generoso, no era nada en comparación con lo que Jerjes había prometido a su amante Artainte, si ella le dejaba libre de una promesa embarazosa (Herodoto 9:109-11)».[2]

1*b*. «*Y Mardoqueo vino delante del rey, porque Ester le declaró lo que él era respecto de ella.*» Ahora que ella le había revelado a Jerjes su nacionalidad (cp. 7:4) Ester se encontraba feliz y orgullosa de presentarle al rey a Mardoqueo, como su guardián y primo. «Puesto que Mardoqueo había sido nombrado primer ministro, Ester debió dar a conocer no solamente su relación consanguínea, sino el carácter del hombre.»[3]

2. «*Y se quitó el rey el anillo que recogió de Amán, y lo dio a Mardoqueo. Y Ester puso a Mardoqueo sobre la casa de Amán.*» El rey se había ya sentido encantado por poder honrar a Mardoqueo porque él había sido quien había expuesto el complot que estaba preparado en contra de la vida del rey (6:6), de modo que era perfectamente natural que le diese ese anillo tan fabuloso, muestra de su tremenda autoridad (por medio del cual Amán había condenado a todos los judíos a la destrucción [3:10-11; 8:8]) y que le nombrase primer ministro de todo el imperio (cp. la experiencia de José [Gn. 41:42]). De este modo, Mardoqueo se convirtió en un hombre más poderoso que el mismo Daniel, que fue nombrado tercer gobernante de Babilonia (bajo Nabónido y su hijo Belsasar) y después tercer gobernante de Medo-Persia (bajo el mandato de Ciro y de Darío el meda). «Una vez promovido el cargo de gran visir, por el obsequio del anillo con el sello real, y a la vez administrador del patrimonio de Ester, llegó a te-

---

2. Carey A. Moore, «Esther», *The Anchor Bible* (Garden City, N. Y.: Doubleday, 1971), p. 77.
3. *Ibid.*

ner todo el prestigio y autoridad que había conocido Amán.» [4]

3. «*Volvió luego Ester a hablar delante del rey, y se echó a sus pies, llorando y rogándole que hiciese nula la maldad de Amán agagueo y su designio que había tramado contra los judíos.*» «Prácticamente todos los comentaristas se equivocan al considerar el versículo 3 como el comienzo de una nueva escena, cuando el versículo debe más bien ser considerado como continuación de la escena introducida en el versículo 1.» [5] A pesar de la muerte de Amán y de la promoción de Mardoqueo, los judíos aún vivían bajo la amenaza del exterminio a causa de un decreto irreversible, un decreto que, por así decirlo, se extendía desde la sepultura de Amán. Por tanto, la tarea de Ester no había sido completada aún. El versículo 3 subraya el contenido general de su petición, pero en los versículos 5 y 6 se nos dan sus palabras exactas.

4. «*Entonces el rey extendió a Ester el centro de oro, y Ester se levantó, y se puso en pie delante del rey.*» Para la aplicación espiritual de esta acción, véase mis comentarios sobre el 5:2. Moore piensa que esto debió de ser más bien «una señal de estímulo, más bien que de clemencia. No hay motivo por el que limitar el uso del cetro del rey a una sola función es decir, la de salvar la vida de la persona que entrase en el aposento real sin haber sido llamado (4:11; 5:2)».[6]

5a. «*Y dijo: Si place al rey, y si he hallado gracia delante de él, y si le parece acertado al rey, y yo soy agradable a sus ojos.*» Algunos eruditos eliminan esta frase, así como lo hace la Septuaginta, por ser innecesariamente repetitiva y, por ende, una glosa, pero a pe-

4. Baldwin, p. 319-20.
5. Moore, p. 82.
6. *Ibid.*, p. 78.

sar de que hemos de admitir que resultan muy repetitivas, estas dos frases cortesanas, que Ester no utiliza con anterioridad, enfatizan la tensión que ella sentía al aplicarlas al rey. Ella no está, ni mucho menos, segura de obtener su petición por lo que debe aplicar toda la presión y hacer uso de toda su persuasión para evitar el fracaso.» [7]

5b-6. *«Que se dé orden escrita para revocar las cartas que autorizan la trama de Amán hijo de Hamedata agagueo, que escribió para destruir a los judíos que están en todas las provincias del rey. Porque ¿cómo podré yo ver el mal que alcanzará a mi pueblo? ¿Cómo podré yo ver la destrucción de mi nación?»* Ester se siente desesperada por lo que le espera a su pueblo Israel por toda la provincia, como podemos ver por el uso, por cuadruplicado, de esa introducción, que enfatiza su relación personal con el rey. No pudiendo comprender del todo los embrollos de la ley medo-persa, ella apela directamente al corazón del rey para que tenga misericordia de Israel y pueda anular el efecto «de las cartas tramadas por Amán», andándose con sumo cuidado para no culpar al propio rey por la parte que le corresponde en la trama ideada por Amán. «Ester vuelve apasionadamente a lo dicho en 7:3-4, cuando fue violentamente interrumpida por las palabras furibundas del rey contra Amán (7:5).» [8]

7. *«Respondió el rey Asuero a la reina Ester y a Mardoqueo el judío: He aquí, yo he dado a Ester la casa de Amán, y a él han colgado en la horca, por cuanto extendió su mano contra los judíos.»* «El rey parece animar a Ester, indicando su disposición favorable hacia ella y los judíos, citando lo que ya había hecho a favor de ellos.» [9] Muchas de las antiguas versiones, si-

7. *Ibid.*
8. *Ibid.*
9. *Ibid.*, p. 79.

guiendo a la Septuaginta, suprimen la frase «Mardoqueo el judío» en este versículo, dando por sentado que Ester había regresado al rey con objeto de tener con él una segunda entrevista en privado (vv. 3-8), pero la palabra usada al principio del versículo 8 («vosotros») es plural y enfática. Por eso hemos de considerar que el texto hebreo y la Vulgata de Jerónimo son correctas en la traducción, al incluir a Mardoqueo en este caso determinado. «Mardoqueo había estado en la presencia del rey desde el versículo 1, cuando fue nombrado primer ministro (v. 2) y había sido testigo de cómo Ester había suplicado, de manera emotiva, a favor de su pueblo (vv. 3-6).» [10]

8. «*Escribid, pues, vosotros a los judíos como bien os pareciere, en nombre del rey, y selladlo con el anillo del rey; porque un edicto que se escribe en nombre del rey, y se sella con el anillo del rey, no puede ser revocado.*» A pesar de que sentía grandes ansias por librar a los judíos, lo cual incluía a Ester, Jerjes recordó a Ester y a Mardoqueo que nadie, ni siquiera el propio rey, tenía poder para anular las leyes inalterables de los medas y los persas. (Véase mis comentarios sobre 1:19.) Se nos recuerda, una vez más, la difícil situación en que se encontró Darío el meda cuando Daniel fue echado en el foso de los leones y la piedra fue sellada por el anillo del rey (Dn. 6:17). En lugar de que el decreto inicial fuese anulado y de que el pueblo se llevase la impresión de que el rey era culpable de tomar decisiones a la ligera, un segundo decreto, también inalterable, tuvo que ser publicado para que, en efecto, anulase la efectividad del primero. Apenas se puede concebir un sistema más costoso ¡y todo por causa de la reputación intelectual del rey!

9a. «*Entonces fueron llamados los escribanos del rey en el mes tercero, que es Siván, a los veintitrés días*

---

10. *Ibid.*

de ese mes.» Eso debió de ser el 25 de junio del año 474 a.C. Comoquiera que el primer decreto fue publicado durante el día trece del primer mes, el 17 de abril del 474 a.C. (cp. 3:12), habían pasado dos meses y diez días, dando tiempo de sobra para que los judíos pasaran por la angustia de la desgracia que se les venía encima. El porqué el segundo decreto tardó tanto en publicarse es algo que está poco claro a juzgar por el texto, especialmente debido a la urgencia del asunto, que con tanta claridad está expresada en los anteriores capítulos. Por otro lado, faltaban más de ocho meses para que los enemigos de los judíos tuviesen permiso oficial para destruirlos (7 de marzo, 473 a.C.), de manera que era mucho más importante el preparar de manera efectiva un decreto que anulase el anterior que el meter prisas al asunto. También es importante que nos demos cuenta de que las antiguas burocracias eran capaces de andarse con el mismo papeleo y falta de eficacia que las actuales. Por lo tanto, no hay motivo para negar la veracidad de las fechas que aparecen en el texto. El mes de «Siván» era equivalente al mes babilonio *simanu*, que era aproximadamente equivalente a nuestro mayo-junio.

9b. «*Y se escribió conforme a todo lo que mandó Mardoqueo, a los judíos, y a los sátrapas, los capitanes y los príncipes de las provincias que había desde la India hasta Etiopía, ciento veintisiete provincias; a cada provincia según su escritura, y a cada pueblo conforme a su lengua, a los judíos también conforme a su escritura y lengua.*» Lo expresado en este caso es similar a lo del primer decreto (3:12), excepto en que se menciona de forma específica a los judíos como receptores del segundo decreto, lo cual enfatiza lo que había acordado y expresado Jerjes (8:8).

10. «*Y escribió en nombre del rey Asuero, y lo selló con el anillo del rey, y envió cartas por medio de correos montados en caballos veloces procedentes de los*

repastos reales.» En este versículo hay varios términos que no están muy claros y que la Septuaginta ni siquiera se molestó en traducir, pero «sea cual fuere el significado exacto de esos términos técnicos... su significado general está suficientemente claro, pues se trataba de caballos rápidos y fuertes, que podían llevar el importante mensaje por el imperio, que era de una tremenda extensión, en el menor tiempo posible».[11] Compárese el versículo 14 («Los correos... salieron a toda prisa...»). Véanse, además, mis comentarios sobre 1:22 respecto al sistema postal persa.

11-12. «*Que el rey daba facultad a los judíos que estaban en todas las ciudades, para que se reuniesen y estuviesen a la defensa de su vida, prontos a destruir, y matar, y acabar con toda fuerza armada del pueblo o provincia que viniese contra ellos, y aun sus niños y mujeres, y apoderarse de sus bienes, en un mismo día en todas las provincias del rey Asuero, en el día trece del mes duodécimo, que es el mes de Adar.*» Era esencial que los judíos recibiesen, con bastante adelanto, aviso para que hiciesen planes para defenderse en contra de sus enemigos (cp. 8:13, «que los judíos estuviesen preparados para aquel día, para vengarse de sus enemigos»). «De no haberse reunido los judíos hasta el día de la matanza, semejante acción hubiese llegado demasiado tarde y de poco les habría servido.»[12] A veces la mejor defensa es una ofensiva táctica, así que la expresión «defender sus vidas» al parecer tenía la intención de ser un tanto flexible. «Los judíos debieron representar un papel agresivo y ofensivo, en lugar de un papel obstinado y defensivo (cp. 9:13 y 15) ya que en la batalla cayeron 75.000 de sus enemigos.»[13]

Algunos comentaristas se han sentido helados por el hecho de que Mardoqueo publicase un decreto que lle-

---

11. *Ibid.*, p. 80.
12. *Ibid.*
13. *Ibid.*

vara implícito el tomar posesión material de otros y eso si no mencionamos que instigaba la muerte de los «niños y mujeres». La respuesta parece ser doble. En primer lugar, el propósito auténtico del decreto era el de anular el primer decreto, punto por punto (cp. 3:13), de manera que los judíos no quedasen en desventaja, a merced de sus enemigos. Pero lo que es más importante todavía, Mardoqueo y Ester no eran cristianos, e Israel no era idéntico a la iglesia. Es completamente antibíblico juzgar las acciones de los antiguos israelitas (tales como Josué en su destrucción de Jericó [Josué 6:21]) por las mismas normas que Dios ha establecido para Su esposa, la Iglesia (cp. Ro. 12:14-21). Los juicios que los israelitas, bajo la dirección de Moisés, de Josué, de los jueces y de los jueces y de los reyes, trajeron sobre las naciones gentiles eran, en realidad, juicios divinos llevados a cabo por medio de la nación escogida (cp. Dt. 31:3-5) y esto volverá a ser verdad de nuevo al final de esta edad (cp. Mi. 5:7-9; Zac. 12:1-9; 14:14). Si Dios ha querido utilizar ocasionalmente a Israel como instrumento destructivo contra aquellos que rechazan al Dios verdadero y ha tenido a bien utilizar a la Iglesia como instrumento de paz para sacar a un pueblo, por causa de Su nombre, de entre las naciones (Hch. 15:14) esa es Su decisión justa y soberana y una acción o método divino no es ni menos ni más espiritual que otro.

Puede que en las Escrituras haya un progreso en cuanto a la doctrina, pero esa progresión no va del error a la verdad. Toda Escritura es inerrante y toda Escritura es autoritativa, acorde con unidades de tiempo de revelación o dispensaciones. Mardoqueo y Ester eran judíos, pero no eran necesariamente regenerados («remanente») como tales, sino que eran miembros del reino teocrático de Israel, en el Antiguo Testamento (como todos los judíos antes del día de Pentecostés) y, por ello, gozaban de muchos de los privilegios de los ciudadanos israelitas, a pesar de no haber estado justificados ante Dios, como el fiel Abraham, y se encontrasen en los límites externos de la teocracia. Debemos, sin embargo, mantener de forma clara, el hecho de que no eran miembros del cuerpo de Cristo y no poseían los elevados privilegios que solamente este organismo espiritual posee.[14]

Por lo tanto, está fuera de lugar el sugerir que la frase ofensiva «niños y mujeres» sea suprimida como una glosa o insistir en que solamente se mataba a los niños y a las mujeres cuando eran atacados los judíos.[15] Eso no resuelve el problema del libro de Ester, pues el mundo de nuestros días está siendo testigo de un espectáculo de actos de represalia sorprendentemente similares en contra de los terroristas por un Israel ampliamente abastecido de «Esters» y de «Mardoqueos» que despliegan un celo fanático por su nación (e incluso por su religión) sin ser tan siquiera cristianos, ni podérseles calificar de creyentes espirituales representados en la sala de la honra de Hebreos 11. A menos que hagamos estas distinciones bíblicas, el libro de Ester corre el peligro de quedar reducido a una categoría inferior.

Una posible interpretación de esta frase, que algunos consideran ofensiva («y aun sus niños y mujeres»), merece ser considerada, sin embargo, especialmente en vista del hecho de que el autor del libro de Ester enfatiza la limitación que ejercieron los judíos con respecto al botín de sus enemigos (Est. 9:10, 15, 16). Robert Gordis insiste en que el versículo debería traducirse: «Por medio de esas cartas el rey permitió a los judíos, en todas las ciudades, que se reuniesen para destruir, matar y barrer a toda persona armada o a toda provincia que pretendiese atacarles a ellos, a sus hijos y esposas, con sus bienes como botín.» Gordis explica que «las últimas cinco palabras en el texto he-

14. Cp. Alva J. McClain, *The Greatness of the Kingdom* (Winona Lake, Ind.: BMH Books, 1959), pp. 325-30, 423-41.
15. Cp. Moore, p. 80, para documentación, y p. 83 para su propia evaluación.

breo de 8:11 no son una *paráfrasis* de 3:13, dando permiso a los judíos para que se vengasen de la misma manera que planeaba hacerlo Amán, sino una *cita* del edicto original, publicado por Amán, contra el cual sus víctimas pudiesen protegerse. Conforme al uso actual, dicha cita debiera aparecer entre comillas. Por lo tanto, el libro de Ester enfatiza que, aunque los judíos tenían entonces poder para luchar en contra de los que "habían procurado su mal" (9:2), su única meta era rechazar a los que intentasen atacarles a ellos, a sus mujeres y a sus hijos».[16]

13-14. «*La copia del edicto que había de darse por decreto en cada provincia, para que fuese conocido por todos los pueblos, decía que los judíos estuviesen preparados para aquel día, para vengarse de sus enemigos. Los correos, pues, montados en caballos veloces, salieron a toda prisa por la orden del rey; y el edicto fue dado en Susa capital del reino.*» Se ha comentado, con frecuencia, que esto provee una ilustración bastante coherente de la obra misionera en nuestros días. La sentencia de muerte, establecida por Dios, cuelga sobre una humanidad pecaminosa, pero también nos ha mandado que llevemos rápidamente el mensaje de salvación a todas las tierras (cp. Pr. 24:11). Solamente al conocer y responder al segundo decreto, el de la gracia salvadora del Señor Jesucristo, pueden los terribles efectos del primer decreto, el de la condena universal, por causa del pecado, quedar sin efecto.

15a. «*Y salió Mardoqueo de delante del rey con vestido real de azul y blanco, y una gran corona de oro, y un manto de lino y púrpura.*» La palabra «corona» debiera traducirse por «turbante», que era un «adorno para la cabeza muy diferente de la corona real *(keter)* de 1:11, 2:17, 6:8».[17] El azul y el blanco eran los colores

---

16. Robert Gordis, «Studies in the Esther Narrative», *Journal of Biblical Literature 95*, n.º 1 (marzo, 1976), p. 52.

17. Moore, p. 81.

reales en el imperio persa (cp. 1:6). Estas eran seguramente las vestiduras oficiales que llevaba Mardoqueo como primer ministro, más que una vestimenta especial que le hubiese sido concedida el día en que fue ascendido (6:8).

15b. «*La ciudad de Susa entonces se alegró y regocijó.*» A fin de asegurar a los ciudadanos de Susa de que ese nuevo decreto era auténtico, y de que los judíos estaban de verdad bajo el favor del rey, es muy posible que Mardoqueo convocase una gran reunión pública, en la capital, para que el pueblo pudiese oír los términos de la segunda proclamación. Ataviado en su esplendor oficial, debió producir un efecto electrizante sobre la multitud expectante. Fíjense en el contraste intencional entre el gozo de esta ocasión y la confusión que produjo el primer decreto (3:15). Moore especula diciendo que «el clamor de los gentiles podría haber sido una expresión de su desagrado y su rechazo de Amán más bien que su aprobación de Mardoqueo».[18]

16. «*Y los judíos tuvieron luz y alegría, y gozo y honra.*» El término «luz», utilizado en este contexto es «un símbolo de la prosperidad (Sal. 27:1, 36:10) y bienestar (Sal. 97:11, 139:12; Job 22:28, 30:26)».[19] El gozo de un hombre no puede ser jamás tan intenso como el de aquel que ha pasado y ha vencido los sufrimientos. Solamente los que han llorado pueden comprender de verdad la plenitud de la esperanza que contiene la promesa: «Enjugará Dios toda lágrima de los ojos de ellos; y... no habrá más llanto, ni clamor, ni dolor» (Ap. 21:4). «Por la noche durará el lloro, y a la mañana vendrá la alegría» (Sal. 30:5). Lo que sucedió durante los tiempos de Ester era un motivo justificado para que Israel se gozase, pero lo mejor están aún por venir para el resto redimido de esa nación. «Levántate, resplande-

18. *Ibid.*
19. *Ibid.*

131

ce; porque ha venido tu luz, y la gloria de Jehová ha nacido sobre ti...; mas sobre ti amanecerá Jehová, y sobre ti será vista su gloria. Y andarán las naciones a tu luz, y los reyes al resplandor de tu nacimiento» (Is. 60:1-3; cp. vv. 19-20).

17a. «*Y en cada provincia y en cada ciudad donde llegó el mandamiento del rey, los judíos tuvieron alegría y gozo, banquete y día de placer.*» «Las palabras "día de placer" significan, literalmente, que "pasaron un buen día"; cp. 9:19, 22. Aquí como en el uso judío posterior, la frase representa un festival religioso.» [20] Era esta fiesta como una anticipación de la de Purim, que al principio se celebró ocho meses después (9:17-19). Podemos imaginarnos que el impacto del decreto de Amán, y luego el otro de Mardoqueo, que anulaba el efecto del primero, se hizo sentir hasta en Judea, ya que estaba rodeada por varias naciones enemigas. Habían pasado cuarenta y dos años desde que el segundo Templo había sido dedicado por Zorobabel y Josué gracias al estímulo de Hageo y Zacarías (Esd. 6:13-22; Zac. 4:6-10). Por entonces, sus voces habían quedado silenciadas por la muerte y la comunidad se había sumido en las diversas prácticas pecaminosas que tanto escandalizaron a Esdras a su llegada en el año 458 a.C. (Esd. 9:1-2). De no haber sido por el ánimo temporal que el decreto de Mardoqueo trajo a esta aislada comunidad de judíos en Judea, es muy posible que su situación hubiese sido incluso peor que la que se encontró Esdras dieciséis años después. Para una evidencia arqueológica, véanse mis comentarios sobre 9:16.

17b. «*Y muchos de entre los pueblos de la tierra se hacían judíos, porque el temor de los judíos había caído sobre ellos.*» El verbo traducido como «se hacían judíos» aparece solamente en este caso en todo el Antiguo Testamento y, de hecho, se encuentran muy

---

20. *Ibid.*

pocos casos de gentiles que se hiciesen prosélitos de Israel en números significativos, hasta que llegamos a la época intertestamentaria y los principios del Nuevo Testamento. Nuestro Señor se refirió, con cierto menosprecio, a los celosos fariseos que iban viajando recorriendo «mar y tierra para hacer un prosélito, y una vez hecho, le hacéis dos veces más hijo del infierno que vosotros» (Mt. 23:15). Homer A. Kent explica que la afirmación que hace aquí nuestro Señor nada tiene que ver con los «gentiles, temerosos de Dios, que poco les faltaba para circuncidarse (por ejemplo, el prosélito que estaba a la puerta), sino con el gentil que se había dejado convencer para adoptar el judaísmo in toto, incluyendo todas las tradiciones que enseñaban estos fariseos. Los prosélitos que hacían estos fariseos, que nada tenían de espirituales (y sin duda añadían a su secta) se limitarían a añadir tradiciones rabínicas a sus nociones paganas».[21]

En el libro de Los Hechos vemos con toda claridad que muchos miles de gentiles se unían a las sinagogas judías, por todo el Imperio Romano, y no por «temor a los judíos», en el sentido que se expresa en Ester 8:17, sino por la tremenda superioridad de la religión y la forma de vida judías en comparación con la creciente corrupción y con el vacío que ofrecía el paganismo en todas sus formas. Fue precisamente entre estas gentes que Pablo encontró la respuesta más positiva al evangelio.[22] Israel comenzó en aquel entonces a experimentar una de las más grandes liberaciones de Dios desde los tiempos del Exodo, y la lección fue evidente para muchos (cp. 9:2-3; Ex. 15:16; Dt. 11:25; Jos. 2:8-11; Neh. 6:16).

21. Charles F. Pfeiffer y Everett F. Harrison, eds. *The Wycliffe Bible Commentary* (Chicago: Moody, 1962), p. 970.

22. Cp. Louis Goldberg, «Proselyte» en Charles F. Pfeiffer, Howard F. Vos y John Rea, eds. *Wycliffe Bible Encyclopedia*, 2 tomos (Chicago: Moody, 1975), 2:1418.

9

LOS JUDIOS OBTIENEN LA VICTORIA
Y SE INSTITUYE EL PURIM
(9:1 — 10:3)

CUANDO LLEGÓ EL DÍA FATÍDICO, los judíos se defendieron con éxito, gracias a la ayuda de los oficiales del gobierno, y mataron a 500 hombres en Susa, incluyendo a los diez hijos de Amán. Ester obtuvo permiso para que los judíos se defendiesen a sí mismos también un segundo día y más de 300 enemigos cayeron muertos en Susa, matando, además, en las provincias a 75.000 enemigos. Entonces fue establecida la Fiesta de Purim, por medio de cartas especiales que conmemoraban esa gran liberación. Una segunda carta confirmó la primera y fue motivo de un ayuno también. La grandeza de Mardoqueo y el amor que sentía por su pueblo, Israel, quedaron registrados en las crónicas del reino.

1a. «*En el mes duodécimo, que es el mes de Adar, a los trece días del mismo mes, cuando debía ser ejecutado el mandamiento del rey y su decreto.*» El decreto que había publicado Mardoqueo para anular el primero salió el 25 de junio del año 474 a.C. y por ello los judíos pudieron disponer de una gran parte del verano, del otoño y hasta de los meses del invierno, para prepararse antes del día fatídico del 7 de marzo del 473 a.C. Para Israel debió ser un día histórico, que nunca olvidaría, a pesar de que los historiadores seculares casi lo ignoran por completo.

1*b*. «*El mismo día en que los enemigos de los judíos esperaban enseñorearse de ellos, sucedió lo contrario; porque los judíos se enseñorearon de los que los aborrecían.*» Una vez más parece que la referencia a la providencia de Dios queda suprimida a propósito por el autor (véase la Introducción). Un ejemplo actual muy espectacular sobre este principio de que las tornas se hayan visto cambiadas fue la guerra del 1967 entre los árabes y los judíos.

> Aplastante es la única palabra que podemos utilizar para describir semejante hecho. En 60 horas estalló, en el Oriente Medio, una guerra que se convirtió en un hecho histórico. El diminuto Israel ocupó el puesto de vencedor sobre las naciones árabes que le rodeaban y que habían jurado exterminarlo. Las alianzas con el Oriente Medio, la balanza del poder, ni siquiera las fronteras políticas, quedaron en pie, sino que apareció una nueva forma, como si se hubiese producido una mutación cuyo origen hubiese sido un cataclismo bíblico. Rara vez en la historia militar ha sido una victoria tan eficiente ni tan visiblemente decisiva en un período de tiempo tan corto. Israel preparó su ataque con tanta velocidad que sus adversarios se vieron privados de los medios que les permitiesen ganar, casi ante de que el mundo pudiese despertar al hecho de que se estaba produciendo una guerra... Los israelitas experimentaron un éxtasis que pocas gentes de ninguna generación llegan a conocer.[1]

2. «*Los judíos se reunieron en sus ciudades, en todas las provincias del rey Asuero, para descargar su mano sobre los que habían procurado su mal, y nadie les pudo resistir, porque el temor de ellos había caído sobre todos los pueblos.*» En este contexto el «descargar su mano sobre» significa matar (cp. 2:21; 3:6; 6:2). «Aquellos que habían procurado su mal» se refiere, de

---

1. *Life*, 16 junio, 1967, pp. 33, 38*a*.

hecho, a los que estaban dispuestos a luchar en contra de los judíos (véase Nm. 35:23; 1.º S. 24:10, 25:26) y no sencillamente a los que eran hostiles. Esta interpretación no excluye el que los judíos tomasen la ofensiva en algunos casos, en lugar de esperar a ser atacados, ya que los judíos habían de saber, sin duda, quiénes eran sus enemigos más implacables.»[2] Es fácil restar importancia al odio que multitudes de pueblos, por todo el imperio, sentían hacia los judíos y, precisamente por ello, tergiversan la respuesta de estos judíos a sus atormentadores potenciales. La historia reciente ilustra, de manera muy vívida, esta enorme tensión, que la Alemania nazi sentía hacia Israel. «Basándonos en 9:2, 5 y especialmente 16, debemos llegar a la conclusión de que la carta de Amán (3:13) había creado o alimentado el odio anti-semítico por todo el imperio ya fuese motivado por la propaganda que había hecho Amán o por avaricia, puesto que miles de "enemigos de los judíos" (v. 16) estaban esperando con ansiedad a que llegase el día determinado.»[3]

3-4.   «*Y todos los príncipes de las provincias, los sátrapas, capitanes y oficiales del rey, apoyaban a los judíos; porque el temor de Mardoqueo había caído sobre ellos. Pues Mardoqueo era grande en la casa del rey, y su fama iba por todas las provincias, Mardoqueo iba engrandeciéndose más y más.*»   El tono del segundo decreto dejaba perfectamente claro a los oficiales persas que el rey, por no mencionar a Mardoqueo, que era su primer ministro, estaban entonces a favor de los judíos. El haberse unido al ataque en contra de los judíos sin duda hubiese hecho caer sobre ellos, más tarde o más temprano, la ira del rey. Al parecer no era esa la primera vez que tenían que escoger entre lo que «no se podía cambiar», a pesar de que los dos decretos fuesen

---

2. Carey A. Moore, *Esther*, the Anchor Bible (Garden City, Nueva York.: Doubleday, 1971), p. 86.
3. *Ibid.*, p. 90.

contradictorios entre sí, y que habían sido misteriosamente publicados desde el aposento real ¡por mano de su monarca persa! ¿Es posible, tal vez, que se acordasen de la terrible suerte de aquellos «comisionados y sátrapas» de hacía sesenta y cinco años antes (en el año 538 a.C.) que se aprovecharon del desconocimiento legal de Darío el meda, cuando le obligaron a sellar la piedra sobre la fosa de los leones, teniendo dentro a su subordinado favorito? Una vez que se hubo cumplido la letra de la ley en contra de Daniel, Darío el meda quedaba libre para demostrar sus verdaderos sentimientos hacia Daniel delante de sus enemigos. «Y dio orden el rey, y fueron traídos aquellos hombres que habían acusado a Daniel, y fueron echados en el foso de los leones ellos, sus hijos y sus mujeres; y aún no habían llegado al fondo del foso, cuando los leones se apoderaron de ellos y quebraron todos sus huesos» (Dn. 6:24). ¡Aquellos políticos que tienen la intención de permanecer largo tiempo en sus puestos se dan cuenta de que es imprescindible dominar a sus superiores! «El autor no indica la clase de apoyo que se dio, si era un apoyo moral, militar, financiero o de las tres clases. Pero lo significativo es que admite la ayuda de seres mortales, pero nada dice acerca del Señor, Dios de Israel, omisión que es, sin duda, deliberada.» [4]

5. «*Y asolaron los judíos a todos sus enemigos a filo de espada, y con mortandad y destrucción, e hicieron con sus enemigos como quisieron.*» Muchos ciudadanos persas se aprovecharon del primer decreto para atacar (legalmente) a sus odiados vecinos judíos. Privados de todo el apoyo del gobierno y teniendo que enfrentarse con un pueblo celoso y que había recibido nuevos ánimos, quedaron totalmente derrotados. «La arrogancia con que se dice en el versículo 5 que los judíos hicieron "lo que quisieron" sugiere que, por lo menos, algunos de ellos recibieron amplios poderes de

4. *Ibid.*, p. 86.

parte de las autoridades, y no se limitaron a la defensa propia, con lo cual es posible que ellos saliesen a buscar y a destruir a aquellos que habían sido hostiles, es decir, a los que tenían marcados como enemigos implacables.»[5] Por lo tanto, aunque la manera de expresarse de este versículo pueda resultar muy ofensiva actualmente para muchas personas, debe ser comprendido a la luz de todo el contexto. Para ello véanse mis comentarios sobre 8:11.

6-10a. *«En Susa capital del reino mataron y destruyeron los judíos a quinientos hombres. Mataron entonces a Parsandata, Dalfón, Aspata, Porata, Adalías, Aridata, Parmasta, Arisai, Aridai y Vaizata, diez hijos de Amán hijo de Hamedata, enemigo de los judíos.»*

La ejecución de los hijos de Amán era, como es lógico, inevitable. Habían perdido su herencia (8:1), pero mientras siguiesen con vida podrían causar problemas a los judíos. La petición de Ester, sin embargo, de que sus cadáveres fuese públicamente expuestos y que se permitiese a los judíos en Susa luchar al día siguiente (v. 13) es mucho más problemática... Si los enemigos de los judíos habían sido derrotados de forma decisiva y estaban dispuesto a dejar en paz a los judíos, sin duda la petición hecha por Ester iba impulsada por la venganza. Si después del día trece, seguían existiendo en Susa grupos de resistencia, que esperaban enfrentarse por segunda vez con los judíos, entonces la petición de Ester sería realista y necesaria y el que los hijos de Amán fueran expuestos y profanados podría comprenderse como una disuasión (cp. 1.° S. 31:10, Herodoto 3:125, 6:30, 7:238), y no, como Paton había argüido (I. C. C., p. 287) como un resultado de su maligno espíritu de venganza que habría de perseguirles hasta después de su muerte.[6]

Todos los hijos de Amán, con la posible excepción de Adalía, tenían nombres persas.[7]

5. *Ibid.*, p. 90.
6. *Ibid.*, p. 91.
7. Para ver la raíz del significado de los nombres, véase «Esther», de Fr. U. Schultz, ed. y trad. James Strong, p. 90, n, en vol. 7 de John Peter Lange et. al., *Commentary on the Holy Scriptures: Critical, Doctrinal and Homiletical*, ed. y trad. Philip Schaff, et. al., 24 tomos (Grand Rapids: Zondervan, s. f.).

10b. «*Pero no tocaron sus bienes.*» Los judíos no se aprovecharon de ese privilegio al cual tenían derecho (cp. el decreto de Mardoqueo [8:11]). Este punto se repite, para mayor énfasis, en los versículos 15 y 16 para que la pureza de sus motivos fuese evidente para todos. El decreto de Amán había incluido el saqueo de las posesiones judías (cp. 3:13). «Esas restricciones que se imponían los judíos expresaban, en este caso, una gran prudencia en la situación en la cual una minoría se está defendiendo de sus enemigos, más bien que iniciando el conflicto... Es posible que los judíos se acordasen, además, de la sabia lógica de Abraham: "Nada tomaré de lo que es tuyo, para que no digas: Yo enriquecí a Abraham" (cp. Gn. 14:22-24).» [8]

11-12. «*El mismo día se le dio cuenta al rey del número de los muertos en Susa, residencia real: Y dijo el rey a la reina Ester: En Susa capital del reino los judíos han matado a quinientos hombres, y a diez hijos de Amán. ¿Qué habrán hecho en las otras provincias del rey? ¿Cuál, pues, es tu petición?, y te será concedida; ¿o qué más es tu demanda?, y será hecho.*» Aparentemente, el rey se gozó al enterarse de que el pueblo de Ester había obtenido esa tremenda victoria en Susa y estaba esperando con ansiedad informes similares de diferentes partes del imperio. «A pesar de que algunos de los que habían muerto seguramente habían sido invitados a las fiestas que había dado el rey (cp. 1:3, 5) lo único que le preocupaba era satisfacer a Ester, dándose cuenta de que ella aún no lo estaba.» [9]

13-14. «*Y respondió Ester: Si place al rey, concédase también mañana a los judíos en Susa, que hagan conforme a la ley de hoy; y que cuelguen en la horca a los diez hijos de Amán. Y mandó el rey que se hiciese así. Se dio la orden en Susa, y colgaron a los diez hijos*

---

8. Moore, p. 88.
9. *Ibid.*

de Amán.» A pesar de que las Escrituras no lo especifican, parece apropiado pensar que la reina Ester se había enterado de un complot persa para atacar a los judíos de Susa también al día siguiente y por eso pidió permiso para que pudiesen defenderse de nuevo. El rey se dio cuenta de inmediato de la posición tan peligrosa en que estarían los judíos (incluyendo a su reina) si les pillaban por sorpresa, así que publicó un nuevo decreto, permitiendo a los judíos matar a sus enemigos en Susa el catorce (así como el trece) de Adar, porque el decreto de Mardoqueo no había especificado más que un día durante el cual los judíos podían defenderse de esa manera (8:13). Este decreto adicional fue obedecido (9:15) y 300 enemigos más perecieron en Susa. Vemos, pues, que el decreto del versículo 14 no se refiere en especial a los hijos de Amán, sino a la batalla del versículo 15.

No deseando conceder en este caso a Ester el beneficio de la duda, J. G. Baldwin, un comentarista evangélico, sugiere que la reina «se mostró extremadamente vengativa al pedir otro día de matanza en Susa. Responder a la providencia de Dios mediante el odio a los hombres, fue en particular despreciable».[10] Resulta sorprendente que Moore, un escritor liberal, sea más cauto: «Fue la petición de Ester, pidiendo que los hijos de Amán fuesen expuestos y que la lucha continuase, así como el hecho de que "no" intercediese por Amán en 7:9, es principalmente lo que la hace responsable de su reputación como una sofisticada Jael, es decir, una mujer engañosa y sanguinaria (cp. Jue. 4:17-22)... Pero a menos que estemos dispuestos a juzgar la acción exterior de Ester de manera aislada, sin ningún conocimiento de sus motivos interiores, y sin un conocimiento profundo de las circunstancias exteriores, entonces nuestro juicio lo tendremos que emitir de forma tenta-

---

10. J. G. Baldwin, «Ester», en Donald Guthrie y Alec Motyer, eds., *Nuevo Comentario Bíblico* (El Paso: Casa Bautista de Publicaciones, 1977), p. 320.

tiva.» [11] Los diez hijos de Amán estaban ya muertos (cp. v. 10), así que el propósito de colgar sus cadáveres de la horca era para advertir a los enemigos de los judíos de lo inútil que resultaba atacar a un pueblo cuya protección providencial era ya proverbial en Persia (cp. 6:13). Por lo menos desde los tiempos de Moisés, era costumbre de los israelitas colgar los cuerpos de los criminales muertos como una advertencia en contra de crímenes similares (Dt. 21:22-23; Nm. 25:4; 2.º S. 21:6).

15.   «*Y los judíos que estaban en Susa se juntaron también el catorce del mes de Adar, y mataron en Susa a trescientos hombres; pero no tocaron sus bienes.*» «Resulta interesante que mataron casi el doble en la acrópolis (traducida como «la capital» en 9:6, que era realmente la parte real de dicha capital y estaba separada del resto de la ciudad) que en la ciudad propiamente hablando, aunque la ciudad era más grande. Este hecho, de por sí, podría servir para justificar que sacaran a la vista pública los cadáveres de los hijos de Amán como una acción disuasoria. De si la venganza fue la razón primordial de la lucha que tuvo lugar durante el segundo día, el autor no nos da la menor pista respecto a que ese fuese el motivo. No se deleita ofreciéndonos los detalles de la batalla, sino que se limita a contarnos cuándo tuvo lugar, dónde y el número de los muertos.» [12]

16-17.   «*En cuanto a los otros judíos que estaban en las provincias del rey, también se juntaron y se pusieron en defensa de su vida, y descansaron de sus enemigos, y mataron de sus contrarios a setenta y cinco mil; pero no tocaron sus bienes. Esto fue en el día trece del mes de Adar, y reposaron en el día catorce del mismo, y lo hicieron día de banquete y de alegría.*» Como es natural, esto había sucedido el día anterior, el 13 de

11. Moore, p. 88.
12. *Ibid.*

Adar (cp. v. 17). En la narrativa hebrea no hay problema alguno porque «es posible traducir los verbos del versículo 16 usando el pluscuamperfecto y así tiene mejor sentido».[13] Traducido de esa manera, los versículos dirían: «El resto de los judíos, que estaban en las provincias del rey reunidos, lo hicieron con el fin de defender sus vidas y librarse de sus enemigos, llegando a matar a 75.000 de aquellos que les odiaban, pero no tocaron sus posesiones». La Septuaginta reduce el número de los que mataron de 75.000 a 15.000, pero este cambio «debió producirse mucho después en la transmisión del texto griego, ya que tanto Josefo como el siriaco, apoyan la cifra de los 75.000 y ambas versiones se han basado en la Septuaginta».[14] Cuando nos ponemos a pensar en la amplia extensión de terreno que cubría el Imperio Persa, la cifra de 75.000, que algunos comentaristas consideran como una exageración, es perfectamente razonable en proporción a los 800 que murieron en Susa solamente.

¿Qué efecto tuvo el decreto publicado por Mardoqueo sobre los enemigos de los judíos en Palestina? La Biblia nada dice respecto a esta pregunta fascinante, pero existe alguna evidencia arqueológica según la cual los dos centros o grupos de oposición samaritanos contra los judíos, Samaria y Siquem, fueron destruídos alrededor de ese período. «Es posible proponer una relación positiva entre el espacio de tiempo transcurrido entre la primera ocupación de Samaria, a principios del siglo v, la destrucción de Siquem, fechada circa 475, y la lucha que tuvo lugar en el Imperio Persa a principios de 473, según el libro de Ester. Este suceso, que aparece descrito en Ester, prové, a su vez, una posible explicación histórica de los descubrimientos arqueológicos en Palestina, que hasta el momento no tenían explicación.» [15]

13. Baldwin, p. 320.
14. Moore, p. 89.
15. William H. Shea, «Esther and History», *Andrews University Seminary Studies 14*, n.º 1 (primavera 1976), p. 244.

18-19. «*Pero los judíos que estaban en Susa se juntaron el día trece y el catorce del mismo mes; y el quince del mismo reposaron y lo hicieron día de banquete y
de regocijo. Por tanto, los judíos aldeanos que habitan
en las villas sin muro hacen a los catorce del mes de
Adar el día de alegría y de banquete, un día de regocijo,
y para enviar porciones cada uno a su vecino.*» Al
igual que hacemos en el día de Navidad, se intercam-
biaban regalos (cp. Neh. 8:10 y Ap. 11:10), y se cuidaba
de los pobres (Est. 9:22). Durante el período intertestamentario el catorce de Adar fue llamado «el día de
Mardoqueo» (2.º Macabeos 15:36). Véase la explicación
que ofrezco sobre el 9:26. «Los judíos modernos celebran su banquete festivo al atardecer del día 14, justamente un mes antes de la Pascua.» [16] «Hay un punto crucial sobre el cual el autor se expresa con toda claridad,
si no de forma explícita; fueron los hombres y no Jehová quienes libertaron a los judíos. Fue la influencia ejer-
cida por Mardoqueo (v. 3-4) y los preparativos y las
proezas de los propios judíos (v. 2) lo que hizo que la
batalla fuese a su favor.» [17] Para una discusión respecto al punto de vista del autor del libro de Ester véase
la Introducción.

20-23. «*Y escribió Mardoqueo estas cosas, y envió
cartas a todos los judíos que estaban en todas las provincias del rey Asuero, cercanos y distantes, ordenándo-
les que celebrasen el día décimocuarto del mes de Adar,
y el décimoquinto del mismo, cada año, como días en
que los judíos tuvieron paz de sus enemigos, y como
el mes que de tristeza se les cambió en alegría, y de
luto en día bueno; que lo hiciesen días de banquete y
de gozo, y para enviar porciones cada uno a su vecino,
y dádivas a los pobres. Y los judíos aceptaron hacer,
según habían comenzado, lo que les escribió Mardoqueo.*» Es muy posible que, para entonces, ya hubie-

---

16. Baldwin, p. 320.
17. Moore, p. 91.

sen pasado algunos meses o incluso años. Cuando Mardoqueo se puso a repasar los sucesos (es decir, los sucesos que acontecieron durante los días catorce y quince de Adar), publicó un decreto para que no hubiese dos fiestas diferentes (el día catorce en las provincias y el quince en Susa), sino que ambos días fuesen observados como la Fiesta de Purim (vv. 26-28). Esta decisión pudo estar influenciada por el hecho de que los judíos de todas las provincias estaban guardando los dos días como festivos cuando se enteraron de lo que había sucedido en la capital el quince de Adar (cp. v. 23).

24-25. «*Porque Amán hijo de Hamedata agagueo, enemigo de todos los judíos, había ideado contra los judíos un plan para destruirlos, y había echado Pur, que quiere decir suerte, para consumirlos y acabar con ellos. Mas cuando Ester vino a la presencia del rey, él ordenó por carta que el perverso designio que aquél trazó contra los judíos recayera sobre su cabeza; y que colgaran a él y a sus hijos en la horca.*» Baldwin sugiere que los «versículos 24 y 25 pueden ser una cita de la carta de Mardoqueo siguiendo desde la segunda cláusula del versículo 23».[18] El autor nos ofrece aquí una visión panorámica de los principales sucesos que tuvieron lugar durante ese año tan extraordinario. Es cierto que el decreto publicado por Jerjes, aunque lo hiciese por medio de Mardoqueo, no trataba de modo específico sobre Amán y sus hijos. De hecho, Amán y sus hijos fueron ahorcados con un espacio de nueve meses entre el primero y ellos, pero no es el propósito del autor insultar aquí la inteligencia del lector, repasando todos los detalles. El hecho básico es el siguiente: El rey renunció a los enemigos de los judíos tan pronto como se enteró de los hechos, y esa denuncia fue hecha de manera oficial. Resulta refrescante el encontrar que Carey A. Moore pasa por alto esta supuesta contradicción con las si-

---

18. Baldwin, p. 320.

guientes palabras: «Así como sucede con otras lecturas difíciles y oscuras, muchos han llamado a esto una glosa.» [19] El corregir arbitrariamente el texto ha sido siempre una salida favorita para aquellos que niegan la absoluta inerrancia de la revelación escritura de Dios en los autógrafos.

26-28. *«Por esto llamaron a estos días Purim, por el nombre Pur. Y debido a las palabras de esta carta, y por lo que ellos vieron sobre esto, y lo que llegó a su conocimiento, los judíos establecieron y tomaron sobre sí, sobre su descendencia y sobre todos los allegados a ellos, que no dejarían de celebrar estos dos días según está escrito tocante a ellos, conforme a su tiempo cada año; y que estos días serían recordados y celebrados por todas las generaciones, familias, provincias y ciudades; que estos días de Purim no dejarían de ser guardados por los judíos, y que su descendencia jamás dejaría de recordarlos.»* La explicación que da el autor, según la cual la palabra «Purim» se deriva de «Pur» (véanse mis comentarios sobre 3:7) subraya la importancia crucial del echar suertes como instrumento del control providencial que ejercía Dios sobre Israel y sus asuntos en general, y el uso que Amán le da en particular (cp. 9:24). Existen más de setenta referencias, en el Antiguo Testamento, a la costumbre de echar suertes (en hebreo, «*gôräl*») antes de los tiempos de Ester. El verdadero significado de este hecho aparece explicado en Proverbios 16:33: «Las suertes se echan en el regazo; mas de Jehová es la decisión de ellas.» Por lo tanto, el nombre de «Purim» no era ni mucho menos inapropiado para la fiesta que celebraba la liberación de Israel de manos de sus enemigos.

Alrededor del año 161 a.C., Judas Macabeo y su ejército derrotaron al ejército de Siria y mataron a Nicanor, su general. «Decretaron que ese día debía cele-

---

19. Moore, p. 94.

brarse cada año el día trece de Adar» (1.º Macabeos 7:49). En el relato suplementario, escrito poco después, se describe esta celebración como «el día anterior al día de Mardoqueo» (2.º Macabeos 15:36), indicando de ese modo que se sabía que Purim se celebraba el catorce de Adar. Más adelante todavía (c. d.C. 90) Josefo se refirió a la victoria sobre Nicanor, el trece de Adar con las siguientes palabras: «Los judíos celebraban todos los años esa victoria y lo consideraban como un día de fiesta» (*Antigüedades*, 12:10-5),[20] pero insistió también en que se celebraba la fiesta de Purim el catorce y quince de Adar, de modo que, «incluso ahora todos los judíos que están en las tierras habitables siguen celebrando esos días de fiesta y envían porciones unos a otros» (*Antigüedades*, 11:6-13).

Se ha objetado que Josefo (siguiendo la Septuaginta) utilizó la palabra «*phroureas*» («guardar», «proteger», en lugar de *Purim*, pero esto no puede ser considerado como algo significativo. J. Stafford Wright dice que «el día de Nicanor no se celebró después del siglo VII d.C., pero que el 13 de Adar fue gradualmente convirtiéndose en Purim. Todo lo contrario que el 14 y el 15, que eran días de alegre celebración, el 13 de Adar era un día de ayuno».[21] Véanse mis comentarios sobre 9:31.

Carey A. Moore concede gran importancia a la supuesta contradicción entre este pasaje (9:26-28) y el de 9:19, que afirma, en su opinión, que los judíos «que viven» (en tiempo presente) «en los pueblos y en las ciudades en los días del autor o, lo que es más probable, del glosador», celebraban solamente el día catorce de Adar.[22] En este caso concreto, Moore, de manera muy conveniente, ignora el consejo que él mismo da

20. Tanto esta cita, perteneciente a las *Antigüedades de los judíos*, de Josefo, como la cita que le siguen, son de la famosa traducción, aceptada, de William Whiston de Flavio Josefo, *Complete Works of Flavius Josephus* (1830; reimpresión, Grand Rapids: Kregel Publications, 1970).

21. J. Stafford Wright: «Purim» en J. D. Douglas, ed., *The New Bible Dictionary* (Londres: Inter-Varsity, 1962), p. 1066.

22. Moore, p. 89.

más adelante sobre considerar como glosas aquellos versículos que presentan alguna dificultad,[23] e insiste en que el versículo 19, «que implica una distinción entre los judíos que viven dentro de las ciudades amuralladas y las que no lo están, es ciertamente una glosa, porque contradice los versículos 21-22».[24] Pero una explicación mucho más natural es que el versículo 19 describe la respuesta inicial de los judíos de todo el imperio (siendo el autor un contemporáneo y, por tanto, pudiendo hacer uso del presente para describir sus acciones), mientras que los versículos siguientes (9:20-28) describen la costumbre posterior como resultado de la carta festiva de Mardoqueo. Debido a que esta fiesta no había sido considerada, por anticipado, en la ley de Moisés (cp. Lv. 23), era esencial que su importancia en el calendario de la religión judía fuese absoluta, repetida y oficialmente confirmada.

29.   «Y la reina Ester, hija de Abihail, y Mardoqueo el judío, suscribieron con plena autoridad esta segunda carta referente a los Purim.»   Esta no es la misma carta que el propio Mardoqueo había enviado a los judíos respecto a la obligación de celebrar el catorce y el quince de Adar (9:20). Esta es una segunda carta oficial, publicada por Ester (el verbo hebreo traducido por «escrita» está en femenino), pero consignada por Mardoqueo, para confirmar su carta solemne. (Moore está de acuerdo.)[25] Al parecer, en las provincias había todavía cierta resistencia en cuanto a celebrar los dos días (cp. 9:19). Muchos eruditos han negado la autenticidad de 9:29-32, pero Moore cita a Striedl y a Ringgren como defensores de ellos.[26] De hecho, Moore llega a admitir que «a pesar de que los eruditos, tanto de los

23. *Ibid.*, p. 94.
24. *Ibid.*, p. 96.
25. Moore, p. 96.
26. *Ibid.*, p. 95. Striedl, es Hans Striedl, «Untersuchung zur Syntax und *Wissenschaft* 55 (1937): 73-108. Ringgren es K. V. H. Hinggren y A. Weiser, Stilistik des hebräischen Buches Esther», *Zeitschrift für die alttestamentliche Das Hohe Lied, Klagelieder, Das Buch Esther,* «Das Alte Testament Deutsch», tomo 16 (Göttingen: Vandenhoeck & Ruprecht, 1958).

siglos pasados como de este presente, algunas veces han considerado toda esta sección como si fuese independiente de 1:1 — 9:19 y como si procediese de fuente diferente... la evidencia en favor de este hecho no es, ni mucho menos, concluyente».[27]

30-32. *«Y fueron enviadas cartas a todos los judíos, a las ciento veintisiete provincias del rey Asuero, con palabras de paz y de verdad, para confirmar estos días de Purim en sus tiempos señalados, según les había ordenado Mardoqueo el judío y la reina Ester, y según ellos se habían tomado sobre sí y sobre su descendencia, para conmemorar el fin de sus ayunos y de su clamor. Y el mandamiento de Ester confirmó estas celebraciones acerca de los Purim.»* Baldwin sugiere que «palabras de paz y de verdad sería el saludo con que comenzaban las cartas orientales».[28] Moore encuentra en esta frase evidencia respecto al hecho de que Ester se andaba con suma cautela al evitar cualquier impresión de hostilidad o de arrogancia en su súplica a la minoría de los judíos que no estaban dispuestos a cooperar, pero Moore va más allá de los hechos cuando imagina que ese remanente de resistencia judía a la correcta celebración del Purim continuó durante siglos. «Incluso hasta entrado ya el siglo III a.C. hubo judíos que seguían sin considerar el Libro de Ester como canónico.»[29] Ese problema nada tenía que ver con la validez del Purim, sino que se ocasionó por la duda que persistía entre las mentes judías más supersticiones y legalistas que afirmaban que el libro de Ester podría ser canónico de no ser por el hecho de que no contenía el nombre de su Dios (véase la Introducción).

«Para conmemorar el fin de los ayunos y de su clamor» (v. 31b) revela una provisión adicional, de importancia, en la segunda carta oficial de Ester y Mardoqueo. Es probable que por entonces tanto Ester como

27. Moore, p. 97.
28. Baldwin, p. 320.
29. Moore, p. 96.

Mardoqueo llevasen varios años ayunando durante el trece de Adar para conmemorar la villanía de Amán (cp. 4:15-17) y probablemente la mayoría de los judíos habrían estado haciendo igual. Por lo tanto, consideraron bastante apropiado establecer ese ayuno como un día oficial, en adición a los dos días siguientes de fiesta y regocijo, en recuerdo de los tiempos de ansiedad y de ayunos (y podemos estar seguros que también de oración) que precedieron a la gran liberación que Dios concedió a su pueblo. Este ayuno puede estar comprendido en la primera carta de Mardoqueo («de tristeza en alegría y de luto en día bueno» [9:22]). De todos modos, seguramente los judíos comenzaron a guardar el día de ayuno tan pronto como se publicó la segunda carta, a pesar de que no tengamos clara evidencia de que así fuese antes del siglo IX d.C. «Los judíos todavía celebran este día como el ayuno de Ester antes de la celebración de Purim, que, junto con la lectura del rollo de Ester, en su canto tradicional, acompañado por las alabanzas y los himnos, incluye la comida festiva y el consiguiente regocijo.» [30]

«*Y esto fue registrado en un libro*» (v. 32*b*). El libro no era exactamente el de Ester, sino el libro en el cual Mardoqueo había escrito sus anales oficiales, respecto a los sucesos más importantes (9:20) y que, sin duda, sirvieron como una de las fuentes básicas para nuestro libro de Ester.

10:1-2. «*El rey Asuero impuso tributo sobre la tierra y hasta las costas del mar. Y todos los hechos de su poder y autoridad, y el relato sobre la grandeza de Mardoqueo, con que el rey le engrandeció, ¿no está escrito en el libro de las crónicas de los reyes de Media y de Persia?*» En su libro clásico *History of the Persian Empire*, A. T. Olmstead dijo que «la fabulosa promesa hecha durante los años de juventud de Jerjes no se cumplió. El fracaso de la aventura europea dio pie a las

---

30. Baldwin, p. 320.

intrigas en la casa real de las mujeres, con todas sus fatídicas consecuencias... y el carácter de Jerjes se fue desintegrando cada vez más. La ampliada pero todavía abarrotada casa de mujeres (harán) en Persépolis cuenta su propia historia. Durante un tiempo continuó su interés en completar los edificios de Persépolis, pero hacia el final de su reinado estuvo bajo la influencia del comandante de la guardia, el hircano Artabano y el eunuco chambelán Aspamitres».[31] En el año 465 a.C., solamente ocho años antes de la inauguración de la Fiesta de Purim, «Jerjes fue asesinado en su dormitorio. El jefe de los conspiradores fue Artabano, ayudado por otro favorito, el eunuco chambelán Aspamitres y por Megabises, el hijo político del rey, que estaba resentido porque Jerjes se negó a hacer algo por su cuenta sobre la acusación de que su esposa Amitis era una adúltera».[32]

El hecho de que el rey «impusiese un tributo sobre la tierra y hasta las costas del mar» en sus últimos años (10:1) y el hecho de que «todos los hechos de su poder y autoridad» quedasen escritos en las crónicas del reino (10:2) no contradicen necesariamente el análisis que Olmstead hace respecto a la desintegración moral de Jerjes (a pesar de la opinión de Moore).[33] El motivo de que se mencione un tributo, aplicable a todo el imperio, en ese momento determinado podría ser debido a que quería demostrar que Jerjes prosperaba gracias al consejo de Mardoqueo, enfatizando «los impuestos pacíficos en lugar del pillaje».[34] Debido a que, después de todo, el rey fue «el factor determinante en la liberación de los judíos»,[35] «recibió su justa recompensa, es decir, una tesorería más llena».[36]

31. A. T. Olmstead, *History of the Persian Empire* (Chicago: University of Chicago, 1948), pp. 266-67.

32. *Ibid.*, pp. 289.

33. Moore, p. 99.

34. *Ibid.*

35. Jacob Hoschander, *The Book of Esther in the Light of History* (Filadelfia: Dropsie College, 1923), p. 292.

36. Moore, p. 98.

La historicidad del libro de Ester queda poderosamente afirmada en el versículo 2 al hacer mención del «libro de las crónicas de los reyes de Media y de Persia». Esta fórmula (en sus diferentes aspectos) aparece con frecuencia en los libros de los Reyes y Crónicas (por ejemplo, 1.º R. 14:19, etc.; 2.º Cr. 12:15; 13:22) y da la clara impresión de que el autor esperaba que le tomasen en serio, aunque, por desgracia, los documentos citados no están hoy a nuestra disposición. «El autor termina su relato de la misma manera que lo empezó, es decir, hablando acerca del poderoso y fabuloso Jerjes (cp. 1:1-8 con 10:1-2). No solamente cita de dónde procede su información, sino que invita a sus lectores... a que comprueben por sí mismos los hechos, estableciendo de ese modo, en la mente de los mismos, la integridad y la veracidad esenciales de su historia respecto a los orígenes de la celebración del Purim.» [37]

3. «*Porque Mardoqueo el judío fue el segundo después del rey Asuero, y grande entre los judíos, y estimado por la multitud de sus hermanos, porque procuró el bienestar de su pueblo.*» La posición que Mardoqueo ocupó en relación con el rey nos recuerda una vez más la maravillosa providencia de Dios, que podía elevar a un despreciado judío a una posición de honor en un imperio que era riquísimo y muy poderoso (cp. con José, Daniel y Nehemías). «La referencia final acerca de Mardoqueo encomendando su entera buena influencia se expresa en término completamente bíblicos. El profeta Zacarías dice del rey que viene, "hablará paz a las naciones" (Zac. 9:10), y ningún gobernante podría hacer mejor que *hablar paz a todo su linaje*", aun cuando hay una insinuación de que Mardoqueo especialmente buscaba el bienestar de los judíos.» [38]

---

37. *Ibid.*, p. 100.
38. Baldwin, p. 320.

BIBLIOGRAFIA

Archer, Gleason L.: *Reseña crítica de una introducción al Antiguo Testamento*. Chicago: Moody, 1982.

Baker, Carl A.: «*An Investigation of the Spirituality of Esther.*» M. Div. tesis, Grace Theological Sem., 1977.

Baldwin, J. G.: «Ester.» *Nuevo Comentario Bíblico*: editado por Donald Guthrie and Alec Motyer. El Paso: Casa Bautista de Publicaciones, 1977.

Burn, A. R.: *Persia and the Greeks: The Defense of the West 546-478 B. C.* Nueva York: Minerva, 1968.

Coogan, Michael D.: «Life in the Diaspora.» *The Biblical Archaeologist* 37, no. 1 (1974):6-12.

Cumming, James E.: *The Book of Esther: Its Spiritual Teaching*. Londres: Religious Tract Society, 1907.

Ghirshman, Roman: *The Arts of Ancient Iran*. Nueva York: Golden, 1964.

Gordis, Robert: *Megillat Esther*. Nueva York: Ktav, 1974.

—: «Studies in the Esther Narrative.» *Journal of Biblical Literature* 95, no. 1 (March 1976):43-58.

Herodotus: *The Persian Wars*.

Hoschander, Jacob: *The Book of Esther in the Light of History*. Philadelphia: Dropsie College, 1923.

Horn, Siegfried H.: «Mordecai, a Historical Problem.» *Biblical Research* 9 (1964):14-25.

Hutchinson, Barbara: «An Historical Study of the Book of Esther.» 1976.

Josephus, Flavius: *Antiquities of the Jews*.

Keil, C. F.: *The Books of Ezra, Nehemiah, and Esther*. Traducido por Sophia Taylor. *Biblical Commentary on the Old Testament*, por C. F. Keil and F. Delitzch. 1873. Reimpresión Grand Rapids: Eerdmans, 1950.

Kent, Roland G.: *Old Persian*. New Haven: American Oriental Society, 1953.

Littman, Robert J.: «The Religious Policy of Xerxes and the Book of Esther.» *The Jewish Quarterly Review*, n. s. 65, no. 3 (Enero 1975): 145-55.

MacDonald, A.: «Ester.» En *Nuevo Comentario Bíblico*, editado por F. Davidson. El Paso: Casa Bautista de Publicaciones, 1977.

Moore, Carey A.: «Archaeology and the Book of Esther.» *The Biblical Archaeologist* 38, nos. 3-4 (1975): 62-79.

—: *Daniel, Esther, and Jeremiah: The Additions*. The Anchor Bible. Garden City, Nueva York: Doubleday, 1977.

—: *Esther*. The Anchor Bible. Garden City, Nueva York: Doubleday, 1971.

Olmstead, A. T.: *History of the Persian Empire*. Chicago: University of Chicago, 1948.

Paton, Lewis B.: *Esther*. International Critical Commentary. Nueva York: Scribner's, 1908.

Pfeiffer, Charles F., y Vos, Howard F.: *The Wycliffe Historical Geography of Bible Lands*. Chicago: Moody, 1967.

Shea, William H.: «Esther and History.» *Andrews University Seminary Studies* 14, no. 1 (primavera 1976): 227:46.

Shepperson, G. Edwin: «The Role of the Book of Esther in Salvation History.» Th. M. tesis, Dallas Theological Seminary, 1975.

Urquhart, John: «Esther, Book of.» En *The International Standard Bible Encyclopaedia*, 5 vols., editado por James Orr. Grand Rapids: Eerdmans, 1946, 2:1006-9.

Whitcomb, John C.: *Darius the Mede*. Nutley, N. J.: Presbyterian & Reformed, 1963.

Wood, Leon J.: *A. Survey of Israel's History*. Grand Rapids: Zondervan, 1970.

Wright, J. Stafford: «The Historicity of Esther.» En *New Perspectives on the Old Testament*, editado por J. Barton Payne, pp. 37-47. Waco, Tex.: Word, 1970.

Yamauchi, Edwin M.: «The Achaemenid Capitals.» *Near East Archaelogy Society Bulletin*, n. s. no. 8 (1976): 5-81.

Young, Edward J.: *Una Introducción al Antiguo Testamento*. Grand Rapids: TELL, 1949.

Comentario Bíblico Portavoz

Panorama del Antiguo Testamento, Paul N. Benware
Génesis, Howard F. Vos
Números: *Viaje a la tierra de reposo*, Irving L. Jensen
Deuteronomio: *El evangelio del amor*, Samuel J. Schultz
Josué: *La tierra de reposo, conquistada*, Irving L. Jensen
Jueces y Rut, Arthur H. Lewis
Primero y Segundo de Samuel, J. C. Laney
Primero y Segundo de Reyes, Richard I. McNeely
Primero y Segundo de Crónicas, John Sailhamer
Ester: *El triunfo de la soberanía de Dios*, John C. Whitcomb
Job, Roy B. Zuck
Los Salmos, Robert Alden
Proverbios, Irving L. Jensen
Eclesiastés: *La vida total*, Walter C. Kaiser
Cantar de los Cantares, Paige Patterson
Isaías: *La salvación del Señor*, Alfred Martin
Jeremías y Lamentaciones, Irving L. Jensen
Ezequiel, Ralph Alexander
Daniel, John C. Whitcomb
Oseas y Amós, Gary Cohen y H. Ronald Vandermey
Hageo y Malaquías: *Rededicación y renovación*, Herbert Wolf
Panorama del Nuevo Testamento, Paul N. Benware
Mateo, Arthur Robertson
Marcos: *El evangelio de acción*, Ralph Earle
Lucas, Paul N. Benware
Juan: *El evangelio de la fe*, Everett F. Harrison
Los Hechos de los Apóstoles, Charles C. Ryrie
Romanos: *La carta de la libertad,* Alan F. Johnson
Primera Corintios, Robert B. Hughes
Segunda Corintios, Robert B. Hughes
Gálatas: *Una llamada a la libertad cristiana*, Howard F. Vos
Efesios: *La gloria de la Iglesia*, Homer A. Kent, Jr.
Filipenses: *Triunfo en Cristo*, John F. Walvoord
Colosenses: *Cristo, todo-suficiente*, Everett F. Harrison
Primera y Segunda Tesalonicenses, Charles C. Ryrie
Primera y Segunda Timoteo, D. Edmond Hiebert
Tito y Filemón, D. Edmond Hiebert
Hebreos, Charles F. Pfeiffer
Santiago, Vernon Doerksen
Primera y Segunda Pedro, Louis A. Barbieri
Las Epístolas de Juan, Donald Burdick
Judas: *Los hechos de los apóstatas*, S. Maxwell Coder
Apocalipsis, Charles C. Ryrie